Kreditrisikomanagement im Spannungsfeld zwischen aufsichtlichen und ökonomischen Zielsetzungen

T0326534

Europäische Hochschulschriften

Publications Universitaires Européennes
European University Studies

Reihe V
Volks- und Betriebswirtschaft

Série V   Series V
Sciences économiques, gestion d'entreprise
Economics and Management

Bd./Vol. 3207

PETER LANG

Frankfurt am Main · Berlin · Bern · Bruxelles · New York · Oxford · Wien

Bernd Hofmann

Kreditrisikomanagement im Spannungsfeld zwischen aufsichtlichen und ökonomischen Zielsetzungen

Drei Beiträge zu zentralen Aspekten der Regulierung, organisatorischen Ausgestaltung und makroökonomischen Implikationen

PETER LANG
Europäischer Verlag der Wissenschaften

Bibliografische Information Der Deutschen Bibliothek
Die Deutsche Bibliothek verzeichnet diese Publikation in der
Deutschen Nationalbibliografie; detaillierte bibliografische
Daten sind im Internet über <http://dnb.ddb.de> abrufbar.

Zugl.: München, Univ., Diss., 2006

Gedruckt auf alterungsbeständigem,
säurefreiem Papier.

D 19
ISSN 0531-7339
ISBN 3-631-55488-5

© Peter Lang GmbH
Europäischer Verlag der Wissenschaften
Frankfurt am Main 2006
Alle Rechte vorbehalten.

Printed in Germany 1 2 3 4 5 7

www.peterlang.de

Geleitwort

Vor dem Hintergrund veränderter organisatorischer und aufsichtlicher Rahmenbedingungen sowie teilweise hoher Ausfälle im Kreditgeschäft stellt das zielgerichtete Management von Kreditrisiken eine zentrale Herausforderung für die Kreditinstitute dar. Kreditrisiko-management beschränkt sich dabei nicht auf isolierte Aktivitäten. Vielmehr sind zahlreiche Maßnahmen sowie unterschiedliche Zusammenhänge und Interdependenzen zu berücksichtigen. Insofern stellt der in dieser Arbeit behandelte Bereich des Kreditrisikomanagements im Spannungsfeld zwischen aufsichtlichen und ökonomischen Zielsetzungen ein komplexes und für die Forschung und Praxis hochinteressantes Themengebiet dar.

Herr Dr. Bernd Hofmann analysiert sowohl zentrale Aspekte der organisatorischen Ausgestaltung des Kreditrisikomanagements als auch die Relevanz aufsichtlicher und ökonomischer Einflussfaktoren sowie potentielle gesamtwirtschaftliche Effekte. Die Arbeit trägt mit wesentlich zu unserem Verständnis der Implikationen aufsichtlicher Regulierungen sowie der Relevanz des bankinternen Kreditrisikomanagements bei.

Ausgangspunkt der Überlegungen sind die unter dem Stichwort Basel II bekannt gewordenen neuen regulatorischen Eigenmittelanforderungen für Kreditinstitute. Der Autor analysiert wesentliche Kernelemente des auf drei Säulen beruhenden Regulierungskonzeptes und zeigt weitere Entwicklungslinien auf. Da der internen Kreditnehmerbeurteilung nicht nur aus aufsichtlicher Sichtweise sondern auch aus bankinternen betriebswirtschaftlichen Überlegungen eine hohe Bedeutung zukommt, widmet sich Herr Hofmann in einem zweiten Schritt dieser Problematik. Aufbauend auf den Ergebnissen einer selbst durchgeführten Befragung deutscher Kreditinstitute wird ein Modellrahmen entwickelt, in dem die bankinterne Beziehung zwischen Bankmanagement und Kreditbetreuer und die Bedeutung einer adäquaten internen Anreizsteuerung für den Erfolg der Kreditnehmerselektion und der anschließenden Kreditnehmerbetreuung analysiert werden. Dass mit der jeweiligen Kreditausreichung auch makroökonomische Implikationen und Rückwirkungen verbunden sein können zeigt Herr Hofmann im letzten Teil seiner Arbeit über das sogenannte Prozyklizitätsproblem der Kreditvergabe, d.h. die makroökonomische Verstärkung durch zeitlich schwankende Kreditausreichungen der Banken. Anhand einer unter Rückgriff auf empirische Daten fundierten modelltheoretischen Darstellung können das Phänomen an sich und die zugrundeliegenden Zusammenhänge verdeutlicht werden. Im Modellrahmen ist eine detaillierte Untersuchung der Auswirkungen verschiedener Eigenmittelanforderungen möglich, die zwischen unterschiedlichen Ausgangssituationen differenziert. So können Unterschiede in den makroökonomischen Implikationen verdeutlicht werden, die aus den aufsichtlichen Eigenmittelanforderungen im Rahmen von Basel I oder Basel II resultieren.

In der Arbeit von Herrn Dr. Hofmann werden die inhaltlich gut motivierten Forschungsfragen sowohl unter Rückgriff auf modelltheoretische Ansätze analysiert als auch mit Hilfe empirischer Daten untermauert und bestärkt. Dadurch ist es möglich, relevante Aussagen sowohl wissenschaftlich fundiert als auch praxisnah zu betrachten und geeignete Lösungsansätze für die angeschnittenen Fragen zu entwickeln. Die Ergebnisse überzeugen und werden sicherlich die Diskussion um das Kreditrisikomanagement der Banken anregen und beeinflussen. Ich wünsche der Arbeit, die Herr Hofmann als wissenschaftlicher Mitarbeiter an meinem Institut für Kapitalmarktforschung und Finanzierung an der Ludwig-Maximilians-Universität München angefertigt hat, eine interessierte Aufnahme im Fachpublikum der Wissenschaft und der Bankpraxis.

München, im April 2006   Prof. Dr. Bernd Rudolph

Vorwort

Die vorliegende Arbeit entstand während meiner Zeit als wissenschaftlicher Mitarbeiter am Institut für Kapitalmarktforschung und Finanzierung der Ludwig-Maximilians-Universität München und wurde von der Fakultät für Betriebswirtschaft im Wintersemester 2005/2006 als Dissertation angenommen. Im langjährigen Entstehungsprozess der Arbeit haben mich zahlreiche Personen auf verschiedene Art und Weise begleitet, maßgeblich unterstützt und das Gelingen der Arbeit erst ermöglicht. Ihnen möchte ich an dieser Stelle meinen herzlichen Dank aussprechen.

Zunächst ist mein Doktorvater, Herr Prof. Dr. Bernd Rudolph zu nennen, der mir an seinem Lehrstuhl ermöglichte, unter sehr positiven Bedingungen, einer äußerst angenehmen Arbeitsatmosphäre und großen Freiräumen zu promovieren. Herrn Prof. Dr. Dr. h.c. Wolfgang Ballwieser danke ich für die Übernahme des Zweitgutachtens und seine konstruktiven Anmerkungen zur Endfassung dieser Arbeit.

Meinen Freunden und langjährigen Wegbegleitern Herrn Dipl.-Kfm. Florian Haagen, Herrn Dr. Robert Härtl, Herrn Dr. Markus Kern, Herrn Dr. Christoph Kesy, Frau Dipl.-Kffr. Marion Schulz und Herrn Dr. Stephan Seidenspinner möchte ich für die gute private Atmosphäre und die angenehmen fachlichen Diskussionen danken. Insbesondere danke ich Herrn Haagen, Frau Schulz und Herrn Seidenspinner dafür, dass sie Teile meiner Dissertation korrekturgelesen haben. Frau Katja Pluto von der Deutschen Bundesbank danke ich für die inhaltlichen Anregungen zu aufsichtlichen Aspekten. Darüber hinaus gilt mein Dank allen ehemaligen und aktuellen Kolleginnen und Kollegen am Institut für Kapitalmarktforschung und Finanzierung: Herrn Prof. Dr. Hans-Peter Burghof, Frau Dr. Alexandra Fink, Herrn Dipl.-Kfm. Philipp Gann, Herrn Dipl.-Kfm. Florian Habermann, Herrn Dipl.-Kfm. Martin Jaron, Herrn Prof. Dr. Lutz Johanning, Herrn Dipl.-Kfm. Philipp Jostarndt, Frau Prof. Dr. Sabine Rodt, Herrn Dipl.-Kfm. Albert Schaber, Herrn Prof. Dr. Klaus Schäfer, Frau Dr. Tanja Sinha, Frau Dipl.-Kffr. Beatrice von der Tann und Herrn Dr. Hannes Wagner. Nicht zu vergessen sind Frau Wiebke Klein und Frau Susanne Müller sowie die wissenschaftlichen Hilfskräfte des Instituts, insbesondere Herr Dipl.-Kfm. Gerhard Knab, Herr Dipl.-Kfm. Marc Michelsen, und Herr Michael Trenkwalder.

7

Wesentlichen Anteil am Entstehungsprozess dieser Arbeit haben meine Eltern sowie Geschwister Ralf und Corinna, denen ich auf diesem Weg herzlich danken möchte. Zuletzt gilt mein größter Dank meiner Freundin Heidi für das langjährig entgegengebrachte Verständnis und die liebevolle Unterstützung.

München, im April 2006   Bernd Hofmann

Inhaltsverzeichnis

9

Abbildungsverzeichnis

Tabellenverzeichnis

Abkürzungsverzeichnis

BaFin	Bundesanstalt für Finanzdienstleistungsaufsicht
CAAP	Prozess zur Beurteilung der Kapitaladäquanz (Capital Adequacy Assessment Process)
CaR	Credit at Risk
EC	ökonomisches Kapital (Economic Capital)
EL	Erwarteter Verlust (Expected Loss)
EAD	Exposure bei Ausfall (Exposure at Default)
EWB	Einzelwertberichtigung
G10	Group of Ten
GDP	Bruttoinlandsprodukt (Gross Domestic Product)
IRB	Internal Ratings Based
KWG	Kreditwesengesetz
LGD	Verlustrate (Loss Given Default)
OLS	Ordinary Least Squares
PD	Ausfallwahrscheinlichkeit (Probability of Default)
PFE	potentielles zukünftiges Exposure (Potential Future Exposure)
PWB	Pauschalwertberichtigung
RWA	gewichtete Risikoaktiva (Risk Weighted Assets)
SME	kleine und mittlere Unternehmen (Small and Medium-sized Enterprises)
UL	Unerwarteter Verlust (Unexpected Loss)

14

Symbolverzeichnis

Kapitel 2

b	Restlaufzeitanpassung
K	Eigenkapitalanforderungen
Ln	natürlicher Logarithmus
Ma	Laufzeitfaktor (effektive Restlaufzeit)
PD	Ausfallwahrscheinlichkeit
RWA	gewichtete Risikoaktiva
S	Parameter zur Größenanpassung der Risikogewichte
ρ	Assetkorrelation
$\Phi(\cdot)$	Verteilungsfunktion der Standardnormalverteilung

Kapitel 3

c	Kosten des Arbeitseinsatzes
$f(\cdot)$	Dichtefunktion
i	Laufindex
max	maximiere
k	Arbeitsleid des Kreditbetreuers
s	Entlohnungsvertrag
s_0	fixe Entlohnungskomponente
s_1	variable Entlohnungskomponente
t	Marktkenntnis
$\bar{x}$	Mittelwert
z	Anstrengung des Kreditbetreuers
AC	Agency-Kosten
B	Bankmanagement
I	Gesamtzahl der Ausprägungen
K	Kreditbetreuer

N	Standardnormalverteilung
R^+	Menge der positiven reellen Zahlen
T	Risikotoleranz
U	Nutzen
$S\ddot{A}$	Sicherheitsäquivalent
X	erzielbarer Ertrag
α	Risikoaversion des Kreditbetreuers
β	Risikoaversion des Bankmanagements
ε	normalverteilter Störterm
κ	Risikoparameter
μ	Erwartungswert des Ertrags
σ^2	Varianz des Ertrags
τ	Ratingtechnologie
$\in$	Element von
$!$	Fakultät
$**$	First-best-Lösung
$*$	Second-best-Lösung

Kapitel 4

i	Realisation der Insolvenzen
f	Dichtefunktion
k	Laufindex der Ausprägungen
l	Laufzeitbezogener Normierungsfaktor
$m \in (1,....M)$	Kreditnehmer
$\max[\cdot]$	Maximum
q	Quantilswert
t	zeitbezogener Laufindex
x	Realisation des systematischen Faktors
z	Realisation des makroökonomischen Faktors
C	Eigenmittel

16

CR	Eigenmittelanforderungen
CR^m	Eigenmittelanforderung je Exposureeinheit
$E(\cdot)$	Erwartungswert
EC	Ökonomisches Kapital
EC^m	Ökonomisches Kapital je Exposureeinheit
F	Verteilungsfunktion
I	Anzahl der Insolvenzen
IR	Insolvenzrate
L	Nominalwert eines Kreditengagements
Ln	natürlicher Logarithmus
M	Gesamtzahl der kreditnehmenden Unternehmen
Ma	Laufzeitfaktor (effektive Restlaufzeit)
$MCaR$	marginaler Credit-at-Risk
O	Obergrenze der Ausfallwahrscheinlichkeit
$P(\cdot)$	Wahrscheinlichkeit
PD	(unbedingte) Ausfallwahrscheinlichkeit
$PD(x)$	bedingte Ausfallwahrscheinlichkeit
PF	Index für Bankkreditportfolio
R_m	Unternehmensaktivarendite des kreditnehmenden Unternehmens m
RC	regulatorische Kapitalanforderungen
RC^m	regulatorische Kapitalanforderungen je Exposureeinheit
RC_c	konstante regulatorische Kapitalanforderungen (Basel I)
RC_r	zeitlich variierende regulatorische Kapitalanforderungen im IRB-Basisansatz
S	Parameter zur Größenanpassung der Risikogewichte
V	Verlust bei Ausfall eines Kreditnehmers
X	systematischer Risikofaktor
Y	ausgereichte Krediteinheiten
$\overline{Y}$	Kreditausreichung im Basisfall

Y^b	Kreditausreichung bei Berücksichtung von ökonomischem Kapital und regulatorischen Anforderungen
Y^c	Kreditausreichung bei konstanten regulatorischen Kapitalanforderungen
Y^e	Kreditausreichung bei Berücksichtigung des ökonomischen Kapitals
Y^r	Kreditausreichung bei zeitlich variierenden regulatorischen Kapitalanforderungen im IRB-Basisansatz
Z	makroökonomischer Faktor
α	Ausfallschwelle
a_0	Basisniveau der Ausfallschwelle
β°	im Bogenmaß ausgedrückter Wert der Sinusfunktion
β_0	zu schätzende Regressionskonstante
$\beta_1, \beta_2, \beta_3, ...$	zu schätzende Modellkoeffizienten
γ	Ausmaß der konjunkturellen Schwankung
ε_m	kreditnehmerspezifischer Risikofaktor
ε_t	Residuum/Störterm der Regressionsgleichung
$\varphi(x)$	Dichtefunktion der Standardnormalverteilung
θ	Ausfallquote
$\sqrt{\rho}$	Faktorladung auf X
$\sqrt{1-\rho}$	Faktorladung auf ε_m
ρ	paarweise Korrelation der Unternehmensaktivarenditen
ω	Gewichtungsfaktor
Δ	Veränderungsrate
$\Phi(\cdot)$	Verteilungsfunktion der Standardnormalverteilung

1. Problemstellung und Forschungsbeitrag

1.1 Basel II und Kreditrisikomanagement

Das Kreditgeschäft wird aktuell durch umfangreiche technologische und strukturelle Veränderungen, insbesondere der regulatorischen Rahmenbedingungen, beeinflusst. Die unter dem Begriff Basel II subsumierten neuen regulatorischen Anforderungen haben für alle Beteiligten weitreichende Auswirkungen, die sich sowohl in der bankinternen Implementierung als auch in potentiellen externen Effekten für das gesamtwirtschaftliche Umfeld niederschlagen.[1] Als direkte Implikation der veränderten aufsichtlichen Anforderungen müssen die Kreditinstitute neben den bankinternen Interessen in verstärktem Ausmaß auch risikoorientierte regulatorische Vorgaben berücksichtigen. Der neue Baseler Akkord ist vergleichbar komplex und bezieht sich zunehmend auf den gesamten Prozess des bankinternen Risikomanagements.[2]

In diesem Umfeld haben sich unterschiedliche Stoßrichtungen betriebswirtschaftlicher Forschung herausgebildet. Einerseits werden die Anforderungen, Implikationen und Entwicklungslinien der neuen aufsichtlichen Regelungen[3] detailliert untersucht. Die in der Praxis zunächst weitverbreitete Befürchtung einer resultierenden ausgeprägten Kreditverknappung für den Mittelstand konnte so mittlerweile weitgehend entkräftet werden.[4] Weiterhin relevant sind jedoch z.B. die potentiellen prozyklischen makroökonomischen Auswirkungen, die durch das Verhalten des Bankgewerbes, u.a. forciert durch die Eigenmittelanforderungen, entstehen können.[5] Andererseits stellen auch die ökonomische Analyse und die Weiterentwicklung der statistischen Konzepte zur Quantifizierung und Steuerung von Einzelkreditnehmer- und Portfoliorisiken wichtige Forschungsbereiche dar.[6] Darüber hinaus befassen sich einige For-

---

[1] Vgl. z.B. Hammes/ Shapiro, 2001, S. 98-113, Wilkens/ Baule/ Entrop, 2002, S. 49-72, Deutsche Bundesbank, 2004, S. 75-94, Rochet, 2004, S. 8-13, Allen/ DeLong/ Saunders, 2004, S. 729-739.

[2] Vgl. Kinder/ Steiner/ Willinsky, 2001, S. 282-285, Bliss/ Kaufman, 2003, S. 24-25, Deutsche Bundesbank, 2002, S. 49.

[3] Vgl. Basel Committee on Banking Supervision, 2004.

[4] Vgl. Paul/ Stein, 2002, S. 44-92, Kleine/ Anclam, 2002, S. 162-171, Detzel, 2004, S. 535-536, KPMG, 2004, S. 667.

[5] Vgl. Europäische Zentralbank, 2005, S. 59-61, Amato/ Furfine, 2004, Redak/ Tscherteu, 2003, S. 64 oder Rudolph, 2004b, S. 255, Borio/ Furfine/ Lowe, 2001, S. 11-18, Danielsson/ Shin, 2002, S. 5-8.

[6] Vgl. z.B. Grundke, 2003, S. 8-24, Brunner, 2001, S. 109-124, Niethen, 2001, S. 143-170, Kern, 2001, S. 209-221, Frey/ McNeil, 2002, 1323-1333.

schungsansätze aus institutionenökonomischer Sicht mit den verschiedenen Beteiligten des Risikomanagementprozesses.[7]

JAIME CARUANA, Vorsitzender des Baseler Komitees der Bankenaufseher, sieht ein wesentliches Ziel des Baseler Ausschusses in einer Verbesserung der bankinternen Risikomanagementtechniken.[8] Zentrale Bedeutung hat in diesem Kontext das in dieser Arbeit betrachtete Management der Kreditrisiken.[9] Ein geeigneter Kreditrisikomanagementprozess, der eine systematische Messung, Steuerung und Kontrolle der Kreditrisiken sicherstellt, kann die wesentliche Grundlage dafür bilden, dass bankintern angestrebte Ergebnisbeiträge erzielbar sind und auch die aufsichtlichen Anforderungen im Rahmen von Basel II erfüllt werden.

1.2 Kreditrisikomanagement im Spannungsfeld zwischen aufsichtlichen und bankindividuellen Zielen

Der Risikomanagementprozess und die Eigenmittelausstattung der Kreditinstitute werden sowohl durch bankinterne Überlegungen als auch aufsichtliche Anforderungen beeinflusst.[10] Im Gegensatz zu der institutsinternen ökonomischen Motivation bezieht sich der aufsichtliche Regulierungsansatz auf die gesamtwirtschaftliche Bedeutung des Kreditgewerbes und impliziert somit grundsätzlich abweichende Zielsetzungen und Anforderungen.[11] Kreditinstituten kommt als Finanzintermediären im gesamtwirtschaftlichen Kontext eine zentrale Bedeutung zu.[12] Indem Banken Versicherungs- und Monitoringleistungen aufgrund von Größen-, Verbund- und Informationsvorteilen effizienter und kostengünstiger darstellen als andere Institutionen, ist ein vergleichbar höheres gesamtwirtschaftliches Nutzenniveau erreichbar.[13] Da somit ein funktionierendes Bankensystem potentiell den ökonomischen Wohlstand stärkt, kann das primäre Ziel der aufsichtlichen Regulierung im Funktionsschutz des Bankensystems gesehen

---

[7] Vgl. Froot/ Stein, 1998, S. 55-71, Bauer/ Ryser, 2004, S. 331-347, Udell, 1989, S. 369-381, Feess/ Schieble, 1999, S. 4-16, Kirstein, 2002, S. 395-405, Ewerhart, 2002, S. 2-23, Danielsson/ Zigrand, 2002, S. 6-15.

[8] Vgl. Caruana, 2004, S. 2

[9] Als wesentliche weitere Risikoarten nennt der Baseler Ausschuss die in dieser Arbeit nicht direkt fokussierten operationelle Risiken und Handels- bzw. Marktrisiken, vgl. Basel Committee on Banking Supervision, 2004, S. 6.

[10] Vgl. Krumnow, 2002, S. 2054.

[11] Vgl. Deutsche Bundesbank, 2002, S. 42 bzw. Burghof/ Rudolph, 1996, S. 17-25 für eine kritische Analyse des Aufsichtsmotivs.

[12] Sie dienen als Mittler zwischen monetärem Angebot und Nachfrage, nehmen bedeutende Transformationsleistungen vor und lenken volkswirtschaftliche Finanzströme, vgl. Burghof/ Rudolph, 1996, S. 4.

[13] Vgl. Diamond, 1984, S. 398-407, Freixas/ Rochet, 1997, S. 1-8, Neuberger, 1994, S. 85.

werden.[14] Gefahr für die gesamtwirtschaftliche Funktionsfähigkeit entsteht z.B. dann, wenn bankinterne Entscheidungen ausschließlich vor dem Hintergrund der eigenen Interessen getroffen werden, ohne gesamtwirtschaftliche Auswirkungen zu berücksichtigen. Zahlreiche Interdependenzen zwischen den einzelnen Kreditinstituten verursachen darüber hinaus Ansteckungsrisiken, die das gesamte Kreditgewerbe erfassen können. So ist als Konsequenz des sog. Bankrun als massivem Einlagenabzug aufgrund eines übergreifenden Vertrauensverlustes in die Kreditinstitute sogar der Zusammenbruch des gesamten Bankensystems möglich.[15] Um die Gefahr unerwünschter gesamtwirtschaftlicher Auswirkungen zu verringern, hat die Bankenaufsicht Interesse an einem adäquat ausgestalteten bankinternen Kreditrisikomanagement. Im Gegensatz zu den einzelwirtschaftlichen bankinternen Überlegungen liegt der aufsichtliche Fokus jedoch auf den Implikationen für die Stabilität und Funktionsfähigkeit des Bankensystems.

Kreditrisikomanagement kann als Kreislaufprozess aus Kreditrisikoidentifikation, -messung, -bewertung, -steuerung und -kontrolle verstanden werden.[16] In den ersten Stufen des Prozesses sind gemäß dieser Systematik zunächst die relevanten Kreditrisiken zu identifizieren, zu messen und geeignet zu bewerten.[17] Unter Kreditrisikosteuerung ist die zielgerichtete Steuerung des Kreditrisikos sowohl der einzelnen Bankpositionen als auch der Geschäftsfelder und der Gesamtbank zu sehen. Während auf Einzelgeschäftsebene die Kreditnehmerselektion und das risikoadjustierte Pricing im Mittelpunkt stehen,[18] kommt auf Gesamtbankebene der Limitierung der Risiken eine zentrale Bedeutung zu.[19] Als letzte Stufe des Kreditrisikomanagementprozesses gilt es, im Rahmen der Kreditrisikokontrolle auf Einzelgeschäfts- und Portfolioebene die zur Messung und Bewertung verwendeten Methoden und Kennzahlen regelmäßig zu überprüfen, zu überwachen und weiterzuentwickeln.[20]

Auf Einzelgeschäftsebene kann Kreditrisiko als Ausfallrisiko konkretisiert werden. Gemäß der Definition des Baseler Ausschusses tritt ein Kreditausfall dann auf, wenn der Kreditnehmer mit einer wesentlichen Zahlungsverpflichtung mehr als 90 Tage überfällig ist oder die voll-

---

[14] Dieser Zielsetzung sind Aspekte wie der Einlegerschutz untergeordnet, vgl. Burghof/ Rudolph, 1996, S. 20.
[15] Vgl. Diamond/ Dybvig, 1983, S. 401-413.
[16] Vgl. Ballwieser, 2003, S. 433-434 oder Oehler/ Unser, 2001, S. 20-21 für eine grundsätzliche Darstellung des Risikomanagementprozesses.
[17] Vgl. Stulz, 1996, S. 20-22.
[18] Vgl. Rathgeber/ Steiner/ Willinsky, 2005, S. 162-163.
[19] Vgl. Ballwieser/ Kuhner, 2000, S. 369. Eine detaillierte definitorische Abgrenzung der Begriffe Eigenkapital und Eigenmittel findet sich in Deutsche Bundesbank, 2002, S. 43-46.
[20] Vgl. Oehler/ Unser, 2001, S. 20-21.

ständige Erfüllung durch den Schuldner unwahrscheinlich erscheint.[21] Der erwartete Kredit-verlust wird als Expected Loss EL bezeichnet und ermittelt sich aus der multiplikativen Ver-knüpfung der erwarteten Ausfallwahrscheinlichkeit (Probability of Default PD) mit dem er-warteten Kreditexposure bei Ausfall (Exposure at Default EAD) und der erwarteten Verlust-quote bei Ausfall (Loss Given Default LGD).[22]

Das potentielle Risiko der Kreditengagements ist ex ante unbekannt und Informationsasym-metrien erschweren den Kreditinstituten die Selektion und Betreuung der Kreditnehmer. Da eine möglichst exakte Einschätzung des aktuellen und zukünftigen Kreditrisikos jedoch Vor-teile im Pricing und der Risikosteuerung bringt, kommt den bankinternen Ratingurteilen ein hoher Stellenwert zu.[23] Unter dem Begriff Rating wird allgemein sowohl der Prozess der Kre-ditrisikoeinschätzung bei Kreditantragstellern und Kreditnehmern als auch das Ergebnis dieses Prozesses, das Ratingurteil, verstanden.[24] Ratingprozesse stellen Verfahren zur Einschätzung und Klassifizierung der Kreditengagements dar, d.h. sie übernehmen auf Einzelgeschäftsebene wesentliche Aufgaben des bankinternen Kreditrisikomanagements im Sinne des skizzierten Kreislaufprozesses von Risikoidentifikation bis -kontrolle.[25] Ratingurteile, als Ergebnis des Ratingprozesses, vermitteln eine Einschätzung des Ausfallrisikos eines Kreditnehmers oder Engagements und werden grundsätzlich in einer Ratingkennziffer verdichtet.[26] Aufbauend auf der Quantifizierung des Ausfallrisikos werden im Rahmen des risikoadjustierten Pricing z.B. Standardrisikokosten der Kreditausreichung ermittelt.[27] Da die Ratingeinschätzungen maßgeb-lich die Kreditvergabeentscheidung, das Pricing und die Risikosteuerung beeinflussen, kommt ihnen eine hohe Bedeutung zu. Während überlegene Einschätzungen den Erfolg eines Kredit-instituts potentiell steigern und die Wettbewerbssituation verbessern, können aus einer subop-timalen Ratingkonzeption Wettbewerbsnachteile resultieren.

Bankintern existieren verschiedene Möglichkeiten, um den Ratingprozess zu verbessern. Ne-ben der Weiterentwicklung der statistischen Ratingkonzeption für eine trennschärfere Klassifi-zierung der Kreditnehmer[28] kann auch die Investition zur Verbesserung der Marktnähe und

---

[21] Vgl. Basel Committee on Banking Supervision, 2004, S. 92-93, § 452-453.
[22] Vgl. Oehler/ Unser, 2001, S. 313-320 und Ong, 1999, S. 93-108.
[23] Rudolph, 1974, S. 23-25 wies schon früh auf die Bedeutung von Kreditrisikoeinschätzungen hin.
[24] Vgl. Norden/ Weber, 2005, S. 33.
[25] Ratingprozesse werden von Kreditinstituten und externen Ratingagenturen durchgeführt, vgl. Czarnitzki/ Kraft, 2004, S. 4-14 oder Galil, 2003, S. 10-17. Diese Arbeit beschränkt sich jedoch auf die bankinterne Sicht.
[26] Vgl. Krahnen/ Weber, 2001, S. 3-5, Rathgeber/ Steiner/ Willinsky, 2005, S. 157.
[27] Vgl. Rathgeber/ Steiner/ Willinsky, 2005, S. 162.
[28] Vgl. Altman/ Saunders, 1998, S. 1723-1727, Grundke, 2003, S. 8-24, Bächstädt/ Bauer/ Geldermann, 2004, S. 578.

Kundenkenntnis ein geeigneter Ansatzpunkt für eine überlegene Kreditnehmerauswahl und Betreuung sein.[29] Aus institutionenökonomischer Sicht kommt darüber hinaus der Steuerung und Motivation der beteiligten Kreditbetreuer eine wesentliche Bedeutung zu. Da die Einschätzungen und Entscheidungen der Kreditmitarbeiter maßgeblich den Erfolg der Kreditvergabe beeinflussen, muss die Ausgestaltung geeignet sein, potentielle bankinterne Anreizkonflikte zu verringern.[30] Unabdingbar ist, dass die Ratingkonzeption die aufsichtlichen Vorgaben erfüllt, die z.b. in den Mindestanforderungen an das Kreditgeschäft (MaK) bzw. zukünftig den Mindestanforderungen an das Risikomanagement (MaRisk) vorgegeben werden.[31]

Auf Basis der jeweiligen Einzelkreditnehmereinschätzungen erfolgt auf Gesamtbankebene die Steuerung des Bankkreditportfolios unter Berücksichtigung von Diversifikationseffekten.[32] Neben der einzelgeschäftsbezogenen Analyse ist die Zusammensetzung und Interaktion des gesamten Kreditportfolios zu betrachten, um z.B. das Bankkreditportfoliorisiko oder die Vorteilhaftigkeit eines Kreditengagements im Portfoliokontext ermitteln zu können.[33] Als zentraler Indikator des Kreditportfoliorisikos ist der unerwartete Portfolioverlust (Unexpected Loss UL) zu sehen, der sich anhand der Kreditverlustverteilung quantifizieren lässt.[34] Als relevante Maßzahl wird meist auf den auch als Credit Value at Risk bezeichneten Credit at Risk (CaR) zurückgegriffen, der den maximalen Verlust kennzeichnet, der für ein definiertes Sicherheitsniveau innerhalb eines vorgegebenen Zeitraums nicht überschritten wird.[35] Anhand der Verlustverteilung lässt sich für ein vorgegebenes Sicherheitsniveau, das eine spezifische Solvenzwahrscheinlichkeit der Bank widerspiegelt, der Eigenmittelbetrag ermitteln, der zur Deckung des unerwarteten Verlustes nötig ist.[36] Die für das Kreditgeschäft bereitzustellenden Eigenmittel werden als ökonomisches Kapital (Economic Capital, EC) oder Kreditrisikokapital bezeichnet und entsprechen der Differenz zwischen dem als Quantilswert der Verlustverteilung

[29] Vgl. Gann/ Hofmann, 2005, S. 473-474, Hauswald/ Marquez, 2005, S. 5-6, Rudolph, 2004a, S. 8-10, Almazan, 2002, S. 92, Dell'Ariccia/ Friedman/ Marquez, 1999, S. 515-517 und Dell'Ariccia, 1998, S. 5-18.
[30] Vgl. Feess/ Schieble, 1999, S. 4-16.
[31] Vgl. Bundesanstalt für Finanzdienstleistungsaufsicht, 2002, S. 8-9. Der Konsultationsprozess zu den MaRisk wurde Ende 2005 abgeschlossen, vgl. Angermüller/ Eichhorn/ Ramke, 2005, S. 396.
[32] Vgl. Ong, 1999, S. 125-134 und S. 247-258, Deutsche Bundesbank, 2002, S. 49-51.
[33] Vgl. Rudolph, 2001, S. 332.
[34] Vgl. Blache/ Bluhm, 2001, S. 273-277.
[35] Vgl. Duffie/ Singleton, 2003, S. 31-34, Saunders/ Allen, 2002, S. 84-86, Oehler/ Unser, 2001, S. 338-339. Kritisch anzumerken ist, dass der CaR als Value at Risk Maßzahl konzeptionell angreifbar ist, vgl. Johanning, 1998, S. 46-62.
[36] Vgl. Oehler/ Unser, 2001, S. 340-343.

zum festgelegten Konfidenzniveau erhobenen CaR-Wert und dem erwarteten Verlust des Kreditportfolios.[37]

Abbildung 1.1 skizziert für eine typisierte Kreditverlustverteilung mit ausgeprägter Rechtsschiefe den unerwarteten Verlust auf Basis des als 99,9%-Quantil der Portfolioverlustverteilung ermittelten CaR. Um die Insolvenzgefahr auf ein bestimmtes Niveau zu beschränken und ein angestrebtes Ratingurteil[38] zu erhalten, hat ein Kreditinstitut bei einer möglichst effizienten Ausnutzung der zur Verfügung stehenden Eigenmittel jeweils soviel ökonomisches Kapital vorzuhalten, damit der unerwartete Verlust auf dem angestrebten Sicherheitsniveau abgedeckt ist.[39] Lediglich wenn der tatsächliche Verlust diesen Wert überschreitet, können die Ausfälle nicht vollständig aufgefangen werden und das Kreditinstitut wird insolvent.

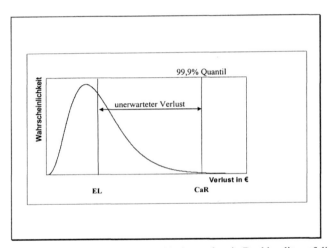

Abb. 1.1: Ermittlung des unerwarteten Verlustes für ein Bankkreditportfolio

Durch die Wahl verschiedener Sicherheitsniveaus ist es möglich, unterschiedliche Risikoszenarien zu simulieren oder die Eigenmittelanforderungen so auszugestalten, dass ein angestrebtes Solvenzniveau erreicht wird.[40] Eine geeignete Eigenmittelausstattung stellt ein Signal der Kreditinstitute zur Sicherung des Investorenvertrauens dar[41] und beeinflusst aufgrund des engen Zusammenhangs zwischen der Kapitalstruktur und den Bankaktivitäten maßgeblich die

---

[37] Vgl. Deutsche Bundesbank, 2002, S. 49.
[38] Vgl. Deutsche Bundesbank, 2002, S. 42, Bundesverband deutscher Banken, 2003, S. 6.
[39] Vgl. Bliss/ Kaufman, 2003, S. 26.
[40] Vgl. Schierenbeck, 1999, S. 48-62.
[41] Vgl. Bundesverband deutscher Banken, 2003, S. 6.

Refinanzierungsbedingungen.[42] Da Eigenmittel jedoch zumindest kurzfristig nicht unbegrenzt zur Verfügung stehen und jeweils u.a. aufgrund der Renditeerwartungen der Investoren mit bestimmten Opportunitätskosten verbunden sind, besteht eine wesentliche Aufgabe der bankinternen Risikosteuerung in der laufenden Risikoüberwachung und entsprechender Eigenmittelallokation.[43]

Während das ökonomische Kapital von den Kreditinstituten individuell ermittelt wird, stellen die regulatorischen Eigenmittelanforderungen aufsichtlich vorgegebene Mindestanforderungen dar, die vom ökonomischen Kapital deutlich abweichen können.[44] Im Gegensatz zu der bisherigen Regulierungspraxis, die konstante, vom jeweiligen Risiko unabhängige Eigenmittelanforderungen definiert, wird im Rahmen von Basel II eine risikosensitive Ausgestaltung angestrebt. Die Ermittlung der regulatorischen Eigenmittelanforderungen beruht dabei zunehmend auf bankinternen Ratingurteilen, die eine kreditnehmerspezifische Risikoeinschätzung ermöglichen. Eine möglichst risikoadäquate Unterlegung der Kreditrisiken mit Eigenmitteln soll Anreize zur Stärkung des bankinternen Risikomanagements geben. Darüber hinaus ist potentiell eine Annäherung an das ökonomische Konzept und somit an die Marktmechanismen möglich. Jedoch werden auch zukünftig die regulatorischen Anforderungen regelmäßig von den aus einzelwirtschaftlicher Sicht als sinnvoll erachteten Eigenmittelanforderungen abweichen, so dass auch diese Konzeption Anreizkonflikte zwischen Bankenaufsicht und Kreditinstituten verursacht.

Gemeinsames Ziel des ökonomischen Kapitals und der regulatorischen Anforderungen ist die Identifikation und Einhaltung einer adäquaten Eigenmittelausstattung zur Sicherung der Solvabilität. Bindende Eigenmittelanforderungen verursachen jedoch neben den intendierten positiven Auswirkungen auch einzel- und gesamtwirtschaftliche Kosten, falls grundsätzlich positive Bankaktivitäten eingeschränkt werden.[45] Wenn die Anforderungen z.B. während eines Konjunkturabschwunges bindend werden und Banken deshalb ihre Kreditvergabe übermäßig einschränken, kann eine prozyklische makroökonomische Verstärkungswirkung entstehen.[46]

---

[42] Vgl. Diamond/ Rajan, 2000, S. 2433-2445, Jagtiani/ Kaufman/ Lemieux, 2000, S. 18-23, Park/ Peristiani, 1998, S. 353-361.
[43] Vgl. Merton/ Perold, 1993, S. 16-17, Zaik u.a., 1996, S. 85.
[44] Vgl. Deutsche Bundesbank, 2002, S. 47-49, Blache/ Bluhm, 2001, S. 263-264.
[45] Vgl. Berger/ Herring/ Szegö, 1995, S. 425.
[46] Vgl. Schlick, 1994, S. 22-23, Rudolph, 2004b, S. 255.

Das sogenannte Prozyklizitätsproblem steht aktuell u.a. im Fokus der Diskussionen um Basel II.[47]

1.3 Forschungsbeitrag und Aufbau der Arbeit

Ziel dieser Dissertation ist es, in drei Beiträgen wesentliche Aspekte des skizzierten Themengebietes detailliert zu analysieren. Durch die Ausrichtung auf drei Ansätze können unterschiedliche Forschungsfragen aus dem Bereich Kreditrisikomanagement und dem Spannungsfeld zwischen Bankenaufsicht und Kreditinstituten behandelt werden. Die Hauptkapitel sind thematisch verknüpft und weisen unterschiedliche Querverbindungen auf. Da jedoch jeweils ein spezifischer Analysegegenstand betrachtet wird, können diese auch isoliert gelesen werden. Als wesentliche Fragestellungen werden folgende Aspekte untersucht:

1. Welche Spezifika weisen die aktuellen regulatorischen Anforderungen im Rahmen von Basel II auf? Welche weiteren Entwicklungslinien der Bankregulierung sind zu erwarten?

2. Welche Implikationen haben die aufsichtlichen Anforderungen für das Kreditrisikomanagement der Banken? Lassen sich aus den regulatorischen Vorgaben Mindestanforderungen an bankinterne Ratingverfahren ableiten?

3. Wie werden der Ratingprozess und die Kreditnehmerbeurteilung in der Bankpraxis ausgestaltet? Lassen sich institutsspezifische Unterschiede oder übergeordnete Charakteristika identifizieren?

4. Bieten sich aus anreiztheoretischer Sicht Ansatzpunkte für eine Verbesserung des Ratingprozesses, insbesondere hinsichtlich der bankinternen Steuerung der Kreditbetreuer? Inwieweit wirken sich die institutionelle Ratingtechnologie und die Marktkenntnis auf den Erfolg der Kreditvergabe aus?

5. Welcher Zusammenhang besteht zwischen dem Kreditvergabeverhalten der Banken und der makroökonomischen Entwicklung? Welche Bedeutung kommt in diesem Kontext den aufsichtlichen Maßnahmen zu?

6. Forcieren risikosensitive Eigenmittelanforderungen prozyklische makroökonomische Effekte des Bankensystems? Welche Interdependenzen bestehen zwischen den

---

[47] Vgl. z.B. Danielsson/ Zigrand, 2002, S. 6-19, Bliss/ Kaufman, 2003, S. 24-30, Heid/ Porath/ Stolz, 2003, S. 18-29, Rudolph, 2004b, S. 249-265, Estrella, 2004, S. 1476-1488.

regulatorischen und ökonomischen Eigenmittelanforderungen und welche Relevanz hat das Zusammenwirken für das potentielle Prozyklizitätsproblem?

Die Fragenkomplexe 1. und 2. werden primär im zweiten Kapitel dieser Dissertation behandelt. Anhand einer detaillierten Analyse des neuen Baseler Akkords wird ein Einblick in die Spezifika und Implikationen der aktuellen regulatorischen Anforderungen gegeben. Relevante und in der Literatur bisher vernachlässigte Aspekte werden verdeutlicht und potentielle weitere Entwicklungslinien aufgezeigt. Besonderer Augenmerk liegt auf der Ausgestaltung des IRB-Ansatzes, der eine risikosensitive regulatorische Eigenmittelunterlegung ermöglicht. Da der bankinternen Einzelkreditnehmerbeurteilung zukünftig vor allem in diesem Ansatz eine zentrale Bedeutung zukommt, werden darüber hinaus Mindestanforderungen an das bankinterne Ratingverfahren formuliert. Der dem Kapitel 2 zugrunde liegende Beitrag wurde gemeinsam mit Katja Pluto verfasst.[48] Da die Koautorin aufgrund ihrer Tätigkeit in der Abteilung Banken und Finanzaufsicht der Deutschen Bundesbank eng in den Entwicklungsprozess von Basel II eingebunden ist, kann die Analyse des regulatorischen Rahmenwerkes an einigen Stellen um bisher unveröffentlichte Erfahrungen und persönliche Einschätzungen bereichert werden.

Das dritte Kapitel dieser Arbeit greift die Punkte 3. und 4. auf, indem die aufsichtliche Sicht bankinterner Ratingverfahren um eine ökonomische Analyse erweitert wird. Die Ausgestaltung des Ratingprozesses und das Engagement der Kreditbetreuer hat grundsätzlich maßgeblichen Einfluss auf die Qualität der Kreditnehmerbeurteilungen. Obwohl bankinterne Anreizkonflikte den Erfolg der Kreditvergabe somit beeinträchtigen können, beschäftigten sich bisher nur relativ wenige Arbeiten mit Aspekten der Mitarbeitersteuerung und Motivation.[49] Um die Forschungslücke ein Stück zu schließen, wird empirisch und agencytheoretisch auf die organisatorische Ausgestaltung der Einzelkreditnehmerselektion und -betreuung eingegangen. Zunächst werden der Status Quo in kleinen und mittelgroßen Kreditinstituten analysiert und relevante Zusammenhänge aufgezeigt. In einer deutschlandweiten Studie wurden 500 Kreditinstitute mit einer Rücklaufquote von 13% hinsichtlich der Ratingkonzeption und der organisatorischen Ausgestaltung im Kreditbereich befragt. Die Untersuchung verdeutlicht sowohl

---

[48] Vgl. Hofmann/ Pluto, 2005. Der Autor schrieb die ersten drei Hauptkapitel und wirkte bei der Umarbeitung der anderen beiden Abschnitte mit. Das zweite Kapitel dieser Dissertation stellt eine überarbeitete und an aktuelle Entwicklungen angepasste Version des Beitrags dar.
[49] Udell, 1989, S. 369-381, Feess/ Schieble, 1999, S. 4-16 und Kirstein, 2002, S. 395-405 stellen einige der wenigen Arbeiten in diesem Forschungsfeld dar.

bankindividuelle Unterschiede im Einsatz subjektiver Kreditbetreuereinschätzungen als auch Defizite in der bankinternen Anreizsteuerung. Aufbauend auf diesen Ergebnissen wird ein Anreizsystem zur bankinternen Steuerung der Kreditbetreuer entwickelt, das potentielle Interessenkonflikte zwischen Bankmanagement und Kreditmitarbeitern abmildert. Der Modellrahmen wird so ausgestaltet, dass auch die Auswirkungen und Interdependenzen der bankspezifischen Marktkenntnis und Ratingtechnologie analysiert werden können. Als wesentliches Resultat wird gezeigt, dass der Erfolg der organisatorischen Ausgestaltung von den Charakteristika der Mitarbeiter und der im Kreditinstitut vorliegenden Marktkenntnis bzw. Ratingtechnologie abhängt und diese beiden zentralen institutionellen Stoßrichtungen eng zusammenwirken und sich gegenseitig bedingen.

Die letzten beiden Fragenkomplexe 5. und 6. sind Gegenstand des vierten Kapitels.[50] Grundsätzlich können durch die Interaktion von aufsichtlichen Vorgaben und bankspezifischem Verhalten externe Effekte für die gesamtwirtschaftliche Wohlfahrt entstehen. Als wesentlicher unerwünschter externer Effekt sind prozyklische makroökonomische Auswirkungen des Kreditgewerbes zu sehen, die potentiell durch bindende Eigenmittelanforderungen forciert werden. Die meisten bisherigen Forschungsarbeiten in diesem Bereich beschränken sich auf die regulatorischen Anforderungen und betrachten lediglich grundsätzliche Zusammenhänge. Im vierten Kapitel der Dissertation werden diese Überlegungen durch eine Analyse erweitert, die einerseits auf empirischen Daten basiert und andererseits auch den potentiellen Einfluss des ökonomischen Kapitals auf die prozyklische Wirkung des Bankgewerbes berücksichtigt. Aufbauend auf einem Ein-Faktor-Modell zur Ermittlung des Kreditrisikos wird ein einfacher Modellrahmen entwickelt, der das Zusammenspiel zwischen Kreditgewerbe, Kapitalanforderungen, Kreditvergabe und makroökonomischer Situation explizit modelliert. In dieser anhand von empirischen Daten fundierten Modellkonzeption kann gezeigt werden, dass Eigenmittelanforderungen potentiell prozyklische Effekte forcieren. Das jeweilige Ausmaß wird durch das Zusammenwirken von ökonomischem Kapital und regulatorischen Anforderungen beeinflusst. Vor diesem Hintergrund können Situationen identifiziert werden, in denen der Wechsel auf die neuen risikosensitiven Kapitalanforderungen im Rahmen von Basel II sowohl eine prozyklische Verstärkung impliziert als auch keine direkten Auswirkungen hat.

---

[50] Das vierte Kapitel ist die Weiterentwicklung eines vom Autor in Financial Markets and Portfolio Management veröffentlichten Beitrags, vgl. Hofmann, 2005.

Zusammenfassend gibt die Abbildung 1.2 einen Überblick über die weitere Struktur dieser Arbeit und die Aufteilung in die drei skizzierten Themenblöcke.

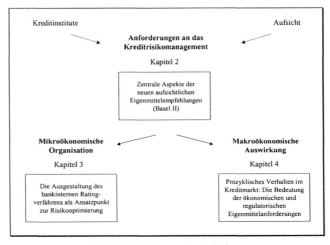

Abb. 1.2: Gliederung der Arbeit

2. Zentrale Aspekte der neuen aufsichtlichen Eigenmittelempfehlungen (Basel II)

2.1 Einleitung

Am 26. Juni 2004 verabschiedeten die Notenbankgouverneure der Group of Ten (G10) die Rahmenvereinbarung über die neuen Eigenmittelempfehlungen für Kreditinstitute (Basel II). Mit dieser Entscheidung erhielten sowohl der Bankensektor als auch die nationalen Aufsichtsbehörden Planungssicherheit für die Umsetzungsarbeiten. Die Implementierung des neuen Regelwerkes in den Mitgliedstaaten wurde grundsätzlich zum Jahresende 2006 und für den fortgeschrittenen IRB-Ansatz zum Jahresende 2007 angesetzt. Jedoch ist auch mit diesen Meilensteinen noch nicht das Ende des Ausgestaltungsprozesses von Basel II erreicht. Vielmehr ist bereits der Bedarf an einer zusätzlichen Feinadjustierung kommuniziert worden, der u.a. durch weitere Auswirkungsstudien fundiert werden soll.[51] Mit der Veröffentlichung wurde aber der grundsätzliche Rahmen definiert, innerhalb dessen nur noch Veränderungen in Teilbereichen zu erwarten sind.

Dieses Kapitel analysiert zentrale Aspekte der neuen aufsichtlichen Eigenmittelempfehlungen sowie die Implikationen für das Kreditrisikomanagement der Banken. Ziel der im aktuellen Rahmenvertrag implementierten Neuerungen, insbesondere der vergleichsweise hohen Risikosensitivität der Eigenmittelanforderungen, ist es, zu einer Verbesserung der Regulierung von Kreditinstituten beizutragen. Neben dem allgemein begrüßten Effekt einer risikoadäquateren Eigenkapitalermittlung, die sich weit mehr als früher an dem tatsächlichen Risikogehalt des Kreditgeschäfts orientiert, impliziert die neue Ausgestaltung auch gesamtwirtschaftliche Vorteile, indem das Ausmaß einer potentiellen Übersicherung und somit einer unerwünschten Einschränkung der Kreditvergabe verringert wird.[52] Darüber hinaus setzt die neue Ausgestaltung den Kreditinstituten Anreize, die Risikomanagementaktivitäten, d.h. risikobezogene Mess-, Steuerungs- und Managementmethoden, zu forcieren.[53]

Aufbauend auf einer Darstellung der neuen Eigenmittelempfehlungen werden in diesem Kapitel wesentliche Auswirkungen sowie weitere Entwicklungslinien diskutiert. In Abschnitt 2.2 wird zunächst ein kurzer Überblick über Basel II gegeben, um im dritten Abschnitt detailliert

---

[51] Vgl. Europäische Zentralbank, 2005, S. 57-58.
[52] Grundsätzlich verursachen bindende Kapitalanforderungen auch Kosten, sobald sie das Ausmaß positiver Bankaktivitäten einschränken, so dass jeweils ein Trade Off zwischen dem Nutzen und den Kosten der Regulierung vorliegt, vgl. Berger/ Herring/ Szegö, 1995, S. 407.

auf den risikosensitiven IRB-Ansatz, die Ausgestaltung der Risikogewichte, Mindestanforderungen an interne Ratingurteile und die zukünftige Entwicklung regulatorischer Anforderungen einzugehen. In Abschnitt 2.4 erfolgt eine Betrachtung des Capital Adequacy Assessment Process (CAAP), bevor in 2.5 relevante Aspekte der Implementierung des Baseler Akkords in Deutschland untersucht werden.

2.2 Überblick Basel II

Eigenmittelanforderungen stellen ein wichtiges Instrument im Rahmen der Beaufsichtigung von Kreditinstituten durch die Finanzaufsicht dar. Der grundsätzliche Regulierungsbedarf wird sowohl aus der Vertrauensempfindlichkeit des Kreditgeschäfts und der Schutzbedürftigkeit der Bankeinleger als auch der ökonomischen Relevanz der Finanzintermediation im gesamtwirtschaftlichen Kontext deutlich.[54] Die Aufgabe der Regulierung von Kreditinstituten besteht in einem Funktionsschutz des Finanzsystems, der sich u.a. durch geeignet ausgestaltete regulatorische Eigenmittelanforderungen erreichen lässt.[55] Eigenkapital hat zunächst die Funktion, hohe, selten auftretende, unerwartete Verluste abzufedern, die nicht durch den im normalen Geschäft aufgebauten Risikopuffer (risikoadjustierte Margen, Risikovorsorge) gedeckt sind. Der Eigenkapitalpuffer soll insofern zur Vermeidung von Insolvenzen der Kreditinstitute aufgrund hoher Kreditausfälle beitragen.

Als Ziel der regulatorischen Ausgestaltung könnte man zudem interpretieren, die Wahrscheinlichkeit hoher Verluste, die ein Kreditinstitut gefährden können, dadurch zu limitieren, dass die Möglichkeit Risiken einzugehen durch das haftende Eigenkapital begrenzt wird und Kreditinstitute identifiziert werden, die sich in einer problematischen Risiko-/ Anreizsituation befinden. Dadurch sollen die Konkursgefahr der Kreditinstitute und daraus potentiell entstehende externe Effekte für das gesamte Kreditgewerbe (Bankrun) verringert werden.[56] Für eine erfolgreiche Verpflichtung der Kreditinstitute, mehr Haftungskapital vorzuhalten als es im Einzelfall aufgrund interner Überlegungen für notwendig erachtet wird,[57] sind jedoch klar definierte, kontrollierbare Anforderungen und geeignete, glaubwürdige Sanktionsmechanismen der Aufsicht nötig.

---

[53] Vgl. Caruana, 2004, S. 2.
[54] Vgl. Burghof/ Rudolph, 1996, S. 4-5 und im speziellen Diamond,1984, S. 398-407.
[55] Vgl. Freixas/ Rochet, 1997, S. 257-279.
[56] Zum Zusammenhang zwischen der Bank Run Problematik und staatlicher Intervention siehe Diamond/ Dybvig, 1983, S. 405-416.
[57] Vgl. Karacadag/ Taylor, 2000, S. 17-18.

Der im Jahre 1974 gegründete Baseler Ausschuss für Bankenaufsicht hat es sich zur Aufgabe gemacht, Empfehlungen für die Aufsicht des Kreditgewerbes zur Vermeidung von Bankenkrisen zu entwickeln. Obwohl die Vorgaben des Baseler Ausschusses nur empfehlenden Charakter haben, sind sie mittlerweile in mehr als 100 Ländern in nationales Recht umgesetzt und in die bankenaufsichtlichen Regelungen aufgenommen worden. In der Europäischen Union werden die Baseler Empfehlungen in der Regel in Europäische Richtlinien übernommen, die für alle Kreditinstitute gelten.[58] Als übergeordneter Ansatz des aktuellen Baseler Regelwerkes steht ein System aus drei sich ergänzenden Säulen. In der ersten Säule werden die jeweiligen Mindesteigenkapitalanforderungen definiert, um die Risikoallokation ex ante zu steuern und bei Verletzungen Eingriffsbefugnisse der Bankenaufsicht zu generieren.[59] Mit der zweiten Säule sollen darüber hinaus kontinuierliche aufsichtliche Überprüfungsverfahren und in der dritten Säule weitgehende Transparenzanforderungen mit Bezug auf den Kapitalmarkt etabliert werden. Die drei Säulen sind nicht isoliert zu sehen, sondern sollen ineinander greifen und gemeinsam ein breites Regulierungskonzept bilden.[60]

Der öffentlich am meisten wahrgenommene Bestandteil der neuen Regelungen ist die unter der ersten Säule subsumierte Ausgestaltung der Mindesteigenmittelanforderungen. 1988 wurden im Rahmen von „Basel I" Mindesteigenkapitalquoten für Kreditrisiken festgelegt, die grundsätzlich für jeden ausgegebenen Kredit 8% der Kreditsumme vorsehen.[61] Obwohl diese Eigenkapitalregelungen maßgeblich dazu beitrugen, das internationale Finanzsystem zu stabilisieren, sind sie in den letzten Jahren kritisiert worden, da sie zu wenig differenziert sind, Kapitalarbitrageaktivitäten fördern und neueren Finanzinstrumenten wie zum Beispiel Verbriefungen oder Kreditderivaten nicht gerecht werden.[62] Aus diesem Grund, und um den fortgeschrittenen Risikomessmethoden in den Kreditinstituten Rechnung zu tragen, ist die regulatorische Kapitalunterlegung für Kreditrisiken in Zukunft stärker am vorhandenen Risiko ausgerichtet.

Eigenmittelanforderungen beziehen sich im Rahmen von Basel II auf Marktrisiken, operationelle Risiken und Kreditrisiken, so dass eine umfassende Risikobetrachtung und vergleichbar exakte Einschätzung des Gesamtrisikos ermöglicht wird. Da Kreditrisiken jedoch weiterhin die größte Bedeutung zukommt, liegt der Fokus dieser Arbeit auf der Ausgestaltung in diesem

---

[58] Vgl. Follak, 2004, S.167.
[59] Vgl. Follak, 2004, S. 162.
[60] Vgl. Paul, 2002, S. 9-10.
[61] Vgl. Basel Committee on Banking Supervision, 1988, S. 14, § 44.

Bereich. Die Überarbeitung der Anforderungen vollzog sich in mehreren Konsultationspapieren und Auswirkungsstudien im engen Gedankenaustausch zwischen den Aufsichtsbehörden und der Kreditwirtschaft. Implizit wurde dabei verfolgt, die durchschnittlichen Kapitalanforderungen im Gesamtsystem bei einer risikosensitiveren Ausgestaltung im Vergleich zu den bisherigen Regelungen weitgehend konstant zu halten, jedoch gleichzeitig leichte Anreize für einen Übergang in die risikosensitiveren, fortgeschrittenen Risikomessansätze zu schaffen.

Das aufsichtliche Überprüfungsverfahren der zweiten Säule soll sicherstellen, dass die Kreditinstitute nicht nur die in der ersten Säule festgelegten Mindestanforderungen erfüllen, sondern einen darüber hinausgehenden internen Risikomanagementprozess installieren und laufend weiterentwickeln.[63] In einem kontinuierlichen Prozess soll eine zunehmend qualitativ und risikosensitiv ausgerichtete Aufsicht der Kreditinstitute gefördert werden.[64] Ziel ist es, die Kreditinstitute zu einer risikoadäquaten Eigenkapitalausstattung und einer Strategie für den Erhalt des Eigenkapitalniveaus zu veranlassen und eine rechtzeitige Intervention der Aufsicht in Problemzeiten sicherzustellen.[65] Darüber hinaus soll erreicht werden, dass die Kreditinstitute die aufsichtsrechtlichen Eigenkapitalanforderungen selbst überwachen und gegebenenfalls eine höhere Eigenkapitalausstattung realisieren als aufsichtsrechtlich gefordert.[66]

Ziel der dritten Säule ist es, die disziplinierende Wirkung bestimmter Marktmechanismen zur Stärkung bankaufsichtlicher Ziele zu nutzen.[67] Hohe Transparenzanforderungen und Publizitätspflichten sollen einen Einblick in die bankinterne Risikostruktur geben und dadurch das Monitoring der Kreditinstitute durch die Marktteilnehmer erleichtern. Die zu veröffentlichenden Informationen über die Kreditrisiken müssen gemäß dem Best-Practice-Prinzip relevant, zeitnah, verlässlich, vergleichbar, angemessen, umfassend und Vertraulichkeit wahrend sein.[68] Das Monitoring der Marktteilnehmer soll die aufsichtliche Eingriffsschwelle indirekt absenken und letztlich die Kreditinstitute zu einer vorsichtigen Risikopolitik anregen.

---

[62] Vgl. z.B. Karacadag/ Taylor, 2000, S. 5-7.
[63] Vgl. Loeper, 2002, S. 178-180.
[64] Vgl. Basel Committee on Banking Supervision, 2004, S. 158, § 722.
[65] Darüber hinaus kann in der zweiten Säule auch der potentiell prozyklischen Wirkung des neuen Baseler Akkords entgegengewirkt werden, vgl. Rudolph, 2004b, S. 262-264.
[66] Vgl. Basel Committee on Banking Supervision, 2004, S. 159-165.
[67] Vgl. Deutsche Bundesbank, 2001, S. 31-33.
[68] Vgl. Basel Committee on Banking Supervision, 2000, S. 5-6.

2.3 Der Baseler IRB-Ansatz

2.3.1 Einordnung des IRB-Ansatzes

Eine wesentliche Neuerung innerhalb der Eigenmittelanforderungen für Kreditrisiken ist, dass mehrere Verfahren alternativ verwendet werden können. Kreditinstitute haben in Zukunft die Wahl, Kreditrisiken nach der sogenannten Standardmethode oder nach den auf internen Ratingurteilen basierenden Ansätzen (IRB-Ansätze) zu bestimmen und mit Eigenmitteln zu unterlegen. Es besteht keine Verpflichtung, einen bestimmten Ansatz zu wählen, wobei jedoch ein partieller Einsatz unterschiedlicher Ansätze nicht möglich ist und sich durch die risikosensitiven IRB-Ansätze potentiell eine Absenkung der Eigenkapitalanforderungen erreichen lässt. Eine unveröffentlichte Befragung von circa 2400 deutschen Kreditinstituten durch die Deutsche Bundesbank im Jahr 2003 ergab, dass sich mit Einführung von Basel II ca. 2/3 der Institute für den Standardansatz entscheiden würden, während ca. 1/3 die IRB-Ansätze vorzieht.

Der Standardansatz ähnelt stark den bisherigen regulatorischen Anforderungen, baut auf vorgegebenen festen Risikogewichtungssätzen für bestimmte Kreditarten bzw. für externe Ratingurteile auf und stellt somit lediglich geringe Anforderungen an die Weiterentwicklung der bankinternen Risikomess- und Risikosteuerungssysteme. Im Gegensatz dazu greifen die IRB-Ansätze auf eine bankintern ermittelte Risikoeinstufung der Kreditnehmer zurück. Der Einsatz ist nur mit Zustimmung der Bankenaufsicht möglich, wenn die Kreditinstitute hinreichende Modellerfahrungen, Datenbasen, Fachkräfte und Kontrollmechanismen nachweisen können.

Für jeden Kredit müssen bis zu vier Risikoparameter bestimmt werden, nämlich die Ausfallwahrscheinlichkeit der Kreditnehmer (PD), das erwartete Exposure bei Ausfall (EAD), d.h. die vermutlich ausstehende Höhe des Kredites zum Ausfallzeitpunkt, die Verlustrate (LGD), die beschreibt, wie viel Prozent des ausstehenden Kreditbetrages vermutlich tatsächlich verloren gehen und die Laufzeit (Maturity Ma) des Kreditengagements.[69] Für kleine und mittelgroße Unternehmen ist zusätzlich eine Größenanpassung der Risikogewichte in Form des Parameters S vorzunehmen, der die jeweilige Unternehmensgröße, gemessen als Jahresumsatz in Millionen Euro, berücksichtigt.

Innerhalb der IRB-Ansätze werden der Basis- und der fortgeschrittene Ansatz unterschieden. Im IRB-Basisansatz muss das Kreditinstitut nur die Ausfallwahrscheinlichkeit je Ratingklasse bestimmen, während EAD, LGD und Ma entsprechend der Kreditart und Besicherung bankenaufsichtlich vorgegeben werden. Zentrale Stellschraube des IRB-Basisansatzes ist also die in einem internen Ratingverfahren ermittelte Ausfallwahrscheinlichkeit der mit Kapital zu unterlegenden Kreditposition. Im Gegensatz dazu können die Kreditinstitute im fortgeschrittenen IRB-Ansatz alle Risikoparameter selbst schätzen und auch Kreditsicherheiten in einem weitgehenden Umfang berücksichtigen. Um sich für die Verwendung des fortgeschrittenen IRB-Ansatzes zu qualifizieren, sind deshalb nochmals umfangreichere methodische sowie datenbezogene Anforderungen zu erfüllen.[70] Die skizzierten Wahlmöglichkeiten und ihre Umsetzung sollen langfristig zur Entwicklung und zum Einsatz besserer Risikomess- und Risikosteuerungsmethoden beitragen. Durch den evolutionären, zweistufigen Ansatz innerhalb der IRB-Systematik können Kreditinstitute sich auch schrittweise dem fortgeschrittenen Ansatz nähern. Damit sollte es einigen Instituten leichter fallen, diese Ansätze zu wählen.

2.3.2 Ausgestaltung der Risikogewichte in den unterschiedlichen Ansätzen

Im Standardansatz haben Kreditinstitute wie bisher 8% Eigenkapital (100% Risikogewicht) für die meisten Unternehmenskredite vorzuhalten. Zusätzlich werden jedoch externe Ratingurteile – soweit vorhanden – für die Risikoeinschätzung genutzt. Die Risikogewichte für Staaten- und Bankenkredite sind wie bisher etwas niedriger als für Unternehmenskredite. Die folgende Tabelle zeigt die Risikogewichte des aktuellen Rahmenvertrages, wobei die nationalen Aufsichtsbehörden für Forderungen an Kreditinstitute die Wahl haben, eine der beiden Optionen für alle Kreditinstitute einheitlich zu implementieren.[71] Die Tabelle basiert beispielhaft auf Standard & Poor's-Ratingbezeichnungen. Generell müssen externe Ratingagenturen von den nationalen Bankenaufsichtsbehörden explizit anerkannt werden.[72]

In der Tabelle nicht aufgeführt sind Kredite des Retailportfolios, die einheitlich ein Risikogewicht von 75% zugewiesen bekommen,[73] um der hohen Diversifikation in Privatkundenportfolios Rechnung zu tragen. Verminderte Anforderungen von 35% erfahren darüber hinaus durch Grundpfandrechte oder Hypotheken auf Wohnimmobilien vollbesicherte Kredite. Bestimmte gewerbliche Realkredite erhalten wie bislang ein Risikogewicht von 50%. Im Standardansatz wird damit eine erste Risikodifferenzierung nach externen Ratingurteilen bankenaufsichtlich angewandt, die jedoch noch relativ grob ist. Darüber hinaus resultieren für Länder mit wenig

---

[69] Vgl. Basel Committee on Banking Supervision, 2004, S. 62-69.
[70] Vgl. Deutsche Bundesbank, 2001, S. 26.
[71] Vgl. Basel Committee on Banking Supervision, 2004, S. 15-19 und 120.
[72] Vgl. Basel Committee on Banking Supervision, 2004, S. 23, § 90, 91.
[73] Vgl. Basel Committee on Banking Supervision, 2004, S. 19, § 69.

extern gerateten Unternehmen, wie zum Beispiel Deutschland, im Vergleich zu den bisherigen Risikogewichten keine großen Veränderungen.

Rating	AAA- - AA-	A+ - A-	BBB+ - BBB-	BB+ - BB-	B+ - B-	schlechter als B-	Ohne Rating
Staaten	0%	20%	50%	100%	100%	150%	100%
Kreditinstitute (Option 1)	20%	50%	100%	100%	100%	150%	100%
Kreditinstitute (Option 2)	20%	50%	50%	100%	100%	150%	50%
Kreditinstitute (Option 2, kurzfristige Forderungen < 3 Monate)	20%	20%	20%	50%	50%	150%	20%
Nichtbanken	20%	50%	100%	100%	150%	150%	100%
Verbriefungen	20%	50%	100%	350%	Kapital-abzug	Kapital-abzug	Kapital-abzug

Tab 2.1: Risikogewichte im Standardansatz

Die Funktionen zur Ermittlung der Kapitalanforderungen im IRB-Ansatz sind differenzierter. Die IRB-Formeln finden ihre theoretische Fundierung in einem Ein-Faktor-Kreditportfolio-modell, das mit einer von der Aufsicht vorgegebenen Parametrisierung auf ein granulares Portfolio angewandt wird.[74] Als relevantes Risiko des Kreditgeschäfts werden im aktuellen Rahmenvertrag die über den durchschnittlich erwarteten Verlust hinausgehenden unerwarteten Verluste identifiziert, die gemäß den regulatorischen Erfordernissen mit Eigenmitteln zu unterlegen sind.[75] Das aufsichtliche Kreditrisikomodell beruht auf der Annahme, dass große Bankkreditportfolios eine unendliche Diversifikation und Granularität aufweisen und somit nur noch dem systematischen Risiko des Gesamtportfolios ausgesetzt sind.

Zur Entwicklung des bankenaufsichtlichen Kreditrisikomodells wurden verschiedene am Markt existierende Modelle auf ihre Ergebnisse unter dieser Annahme untersucht und festgestellt, dass methodisch unterschiedliche Ansätze unter der gleichen Annahme durchaus vergleichbare Ergebnisse liefern. Diese Erkenntnis führte zu der Entwicklung eines einfachen generischen aufsichtlichen Ein-Faktor-Modells, in dem für die Berechnung der Risikogewichte jeweils ein homogenes Portfolio von Krediten mit einer Laufzeit von einem Jahr, gleichem

---

[74] Vgl. Gordy, 2003, S. 202-223.
[75] Vgl. Basel Committee on Banking Supervision, 2004, S. 48, § 212.

Exposure und einer Ausfallwahrscheinlichkeit in Höhe der PD unterstellt wird, um die Eigenkapitalanforderungen K zu ermitteln.[76] Um daraus die gewichteten Risikoaktiva RWA zu erhalten, wird K auf das EAD angewendet und mit 12,5 multipliziert

(2.1) $\quad RWA = K \cdot 12,5 \cdot EAD$.

Die Ermittlung der Eigenmittelanforderungen für Kredite an Unternehmen, Staaten und Kreditinstitute erfolgt grundsätzlich nach dem gleichen Ansatz, wobei jedoch teilweise Skalierungsfaktoren und unterschiedliche Korrelationsannahmen verwendet werden, um den differierenden Risikostrukturen der Aktiva gerecht zu werden. Hinsichtlich der Inputparameter ist darüber hinaus jeweils zwischen fortgeschrittenem und Basisansatz zu unterscheiden. Während die Inputparameter im fortgeschrittenen Ansatz weitgehend intern ermittelt werden, sind mit Ausnahme der PD im Basisansatz feste Werte vorgegeben. So wird für vorrangige unbesicherte Forderungen zum Beispiel $LGD = 0,45$ fixiert und die Restlaufzeit beträgt grundsätzlich $Ma = 2,5$.[77] Im aktuellen Rahmenvertrag erfolgt die Berechnung gemäß[78]

(2.2) $\quad K = \left[LGD \cdot \Phi\left(\dfrac{\Phi^{-1}(PD)}{\sqrt{1-\rho}} + \sqrt{\dfrac{\rho}{1-\rho}} \Phi^{-1}(0,999) \right) - (PD \cdot LGD) \right] \cdot \dfrac{(1 + b \cdot (Ma - 2,5))}{1 - 1,5 \cdot b}$,

wobei neben den Inputparametern LGD, PD und Ma die Assetkorrelation ρ und eine Restlaufzeitanpassung b berücksichtigt werden.[79] Der erste Term der Gleichung lässt sich aus dem beschriebenen Kreditportfoliomodell ableiten und stellt den mit der LGD gewichteten und um den erwarteten Verlust bereinigten unerwarteten Verlust je Krediteinheit für ein Konfidenzniveau von 99,9% und einen Betrachtungszeitraum von einem Jahr dar. Im zweiten Term der Gleichung erfolgt eine Laufzeitanpassung

(2.3) $\quad b = (0,11852 - 0,05478 \cdot Ln(PD))^2$,

wobei Ln den natürlichen Logarithmus bezeichnet. Als wichtige Stellschraube der Anforderungen wird die Korrelationsannahme gemäß einer aufsichtlich vorgegebenen Gleichung in Abhängigkeit von der Ausfallwahrscheinlichkeit als

(2.4) $\quad \rho = 0,12\left(\dfrac{1 - e^{-50PD}}{1 - e^{-50}} \right) + 0,24\left(\dfrac{1 - (1 - e^{-50PD})}{1 - e^{-50}} \right)$

[76] Vgl. Gordy, 2000a, S. 125-143.
[77] Vgl. Basel Committee on Banking Supervision, 2004, S. 68, § 318.
[78] Vgl. Basel Committee on Banking Supervision, 2004, S. 59-60, § 271-272.
[79] $\Phi(\cdot)$ steht für die Verteilungsfunktion der Standardnormalverteilung.

modelliert, so dass sich die Assetkorrelation zwischen 0,12 und 0,24 bewegt und ρ mit fallender Ausfallwahrscheinlichkeit steigt und vice versa. Dies wird dadurch begründet, dass bonitätsmäßig besser gestellte Unternehmen eine höhere Abhängigkeit von dem systematischen Faktor aufweisen und dieser Einfluss mit steigender Ausfallwahrscheinlichkeit abnimmt.

Für kleine und mittlere Unternehmen (SME) erfolgt eine zusätzliche Anpassung der Korrelationen um einen Größenfaktor $S \in [5;50]$, der den jeweiligen Jahresumsatz der kreditnehmenden Unternehmen in Millionen Euro abbildet und Ausprägungen zwischen 5 und 50 annehmen kann.[80] Die Modellierung der Assetkorrelation ergibt sich gemäß[81]

$$(2.5) \quad \rho = 0,12 \left(\frac{1-e^{-50PD}}{1-e^{-50}} \right) + 0,24 \left(\frac{1-(1-e^{-50PD})}{1-e^{-50}} \right) - 0,04 \left(1 - \frac{S-5}{45} \right).$$

Durch diese Modifikation kann ρ in Abhängigkeit von PD und S zwischen 0,08 und 0,24 variieren, wobei die Erweiterung um den dritten Term so konstruiert ist, dass für $S \geq 50$ die Laufzeitanpassung unberücksichtigt bleibt und bei geringeren Ausprägungen von S eine entsprechende Absenkung der Korrelationen um maximal 0,04 für $S \leq 5$ erfolgt.

Neben den Funktionen zur Ermittlung der Eigenkapitalunterlegung für Forderungen an Kreditinstitute, Staaten und Unternehmen besteht eine ausdifferenzierte Gestaltung der Anforderungen für das sogenannte Retailgeschäft, d.h. das Massengeschäft der Kreditinstitute mit natürlichen Personen und Kleinunternehmen. Die Berechnung des aufsichtlichen Eigenkapitals erfolgt konzeptionell nach dem gleichen Kreditrisikomodell wie für Unternehmenskredite, wobei jedoch geringere Assetkorrelationen unterstellt werden. Diese Annahme bezieht sich auf empirische Ergebnisse, die Kreditinstitute mit eigenen, vollständigen Kreditrisikomodellen beobachtet haben. Darüber hinaus wird für das Retailsegment nicht zwischen Basisansatz und fortgeschrittenem Ansatz unterschieden, sondern die Kreditinstitute müssen jeweils eigene Einschätzungen für *PD*, *LGD* und *EAD* vornehmen.[82]

---

[80] Vgl. Basel Committee on Banking Supervision, 2004, S. 60, § 273.

[81] Aktuelle empirische Untersuchungen ergeben kritische Ergebnisse hinsichtlich der spezifischen Behandlung von SME, vgl. Dietsch/ Petey, 2004, Jacobson/ Lindé/ Roszbach, 2004. Der im aktuellen Rahmenvertrag implementierte grundsätzliche Zusammenhang zwischen Korrelationen, Ausfallwahrscheinlichkeiten und Unternehmensgröße wird von Lopez, 2004, S. 267-281, unterstützt.

[82] Vgl. Basel Committee on Banking Supervision, 2004, S. 56, § 252.

Die Eigenkapitalanforderungen für Retailkredite ermitteln sich aus der Gleichung

$$(2.6) \quad K = \left[LGD \cdot \Phi \left(\frac{\Phi^{-1}(PD)}{\sqrt{1-\rho}} + \sqrt{\frac{\rho}{1-\rho}} \Phi^{-1}(0,999) \right) - (PD \cdot LGD) \right].$$

Wiederum wird auch im Retailsegment eine weitere Differenzierung nach unterschiedlichen Subklasssen vorgenommen. Dabei werden wohnwirtschaftliche Realkredite, qualifizierte revolvierende Retailforderungen und übriges Retail unterschieden, für die jeweils verschiedene Korrelationen gelten.

Für wohnwirtschaftliche Realkredite wird eine fixierte Korrelation von $\rho = 0,15$ angenommen, die im Unterschied zu der bisher vorgestellten Modellierung unabhängig von der jeweiligen Ausfallwahrscheinlichkeit ist.[83] Eine vergleichbare Ausgestaltung wurde für qualifizierte revolvierende Retailforderungen gewählt, die mit einer konstanten Korrelationsannahme von $\rho = 0,04$ zu berücksichtigen sind.[84] Durch die geringe Korrelationsannahme wird die hohe Granularität qualifizierter revolvierender Retailforderungen, wie zum Beispiel Kreditkartenforderungen, berücksichtigt.[85] Für die unter dem Begriff „übriges Retail" subsumierten Retailforderungen, die keiner der beiden anderen Klassen zuzuordnen sind, ist folgende Modellierung der Korrelationen anzusetzen:[86]

$$(2.7) \quad \rho = 0,03 \cdot \left(\frac{1 - e^{-35 \cdot PD}}{1 - e^{-35}} \right) + 0,16 \cdot \left(\frac{1 - (1 - e^{-35PD})}{1 - e^{-35}} \right).$$

In Abhängigkeit von der Ausfallwahrscheinlichkeit können die Korrelationen zwischen 0,03 und 0,16 variieren und nehmen somit im Vergleich zu Unternehmenskrediten geringere Ausprägungen an, wodurch den besseren Diversifikationseigenschaften aufgrund der geringeren Volumina Rechnung getragen wird. In Abbildung 2.1 sind die Kapitalanforderungen bei $LGD = 0,45$ für alle drei Retailklassen gegenübergestellt.

Aus der Abbildung wird ersichtlich, dass die unterschiedliche Modellierung der Korrelationen deutliche Abweichungen im Verlauf der Kapitalanforderungen impliziert und z.B. die Kurve für wohnwirtschaftliche Realkredite aufgrund der hohen Korrelationsannahme deutlich über den anderen beiden Anforderungen liegt. Für übriges Retail ist dagegen ein deutlich abge-

---

[83] Vgl. Basel Committee on Banking Supervision, 2004, S. 69-70, § 328.
[84] Vgl. Basel Committee on Banking Supervision, 2004, S. 70, § 329.
[85] Vgl. Perli/ Nayda, 2004, S. 791.

flachter Verlauf zu konstatieren. Die mit Abstand geringsten Anforderungen sind für qualifizierte revolvierende Retailforderungen vorzuhalten. Trotz der Unterschiede im Niveau und in der Krümmung der einzelnen Kurven kann aus allen drei Verläufen die risikosensitive Ausgestaltung in Abhängigkeit von der Ausfallwahrscheinlichkeit festgehalten werden.

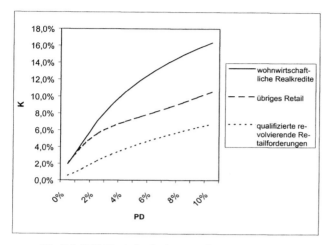

Abb. 2.1: IRB-Kapitalanforderungen im Segment Retail

Aus dem Vergleich der Unternehmenskredite an große Unternehmen mit $S \geq 50$ und kleine Unternehmen mit $S \leq 5$ sowie Kredite im Segment „Übriges Retail" kann deutlich gemacht werden, dass den verbesserten Diversifikationsmöglichkeiten aufgrund geringerer Kreditvolumina konsequent Rechnung getragen wird. Abbildung 2.2 zeigt diesen Zusammenhang zwischen den Anforderungen, wobei jeweils auf die Annahmen des Basisansatzes mit $Ma = 2,5$ und $LGD = 0,45$ zurückgegriffen wird.

Es ist ersichtlich, dass sich die Eigenkapitalanforderungen risikosensitiv verhalten und mit einem Anstieg der erwarteten Ausfallwahrscheinlichkeit zunehmen. Es wird auch deutlich, dass Unternehmen mit $S \leq 5$ aufgrund der geringeren Korrelationsannahmen ceteris paribus niedrigere Eigenmittelanforderungen implizieren als große Unternehmen und sich für übriges Retail die Kurve nochmals nach unten verschiebt. Durch diese Modellierung soll den mit abnehmender Engagementgröße implizierten besseren Diversifikationseigenschaften Rechnung getragen werden.

---

[86] Vgl. Basel Committee on Banking Supervision, 2004, S. 70, § 330.

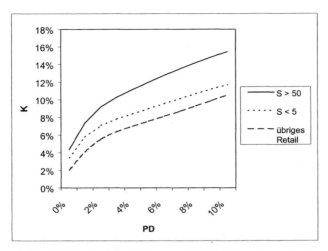

Abb. 2.2: Eigenkapitalanforderungen (K) für Unternehmenskredite
und „übriges Retail"

Die skizzierten unterschiedlichen Anforderungen machen deutlich, dass bankenaufsichtlich eine klare Abgrenzung zwischen den Portfolios der Unternehmenskredite und des Retailsegmentes bedeutsam ist, da Kreditinstitute ansonsten durch eine falsche Zuordnung Eigenkapitalarbitrage betreiben könnten. Der Baseler Ausschuss hat sich potentiell auch aus diesem Grund für eine Definition von Privatkundenkrediten entschieden, die einerseits objektive Kriterien berücksichtigt und andererseits der bankinternen Praxis gerecht wird. Unter das Retailsegment fallen gemäß dieser Definitionen z.b. Kredite an Einzelpersonen, private Wohnungsbaukredite bzw. Kredite an kleine Unternehmen bis zu einem Maximalbetrag von 1 Mio. Euro,[87] die jeweils Teil einer großen Menge an gleichartig gesteuerten und nicht individuell betreuten Forderungen sein müssen.[88] Die Anforderungen sind bewusst relativ offen und nicht abschließend gehalten, wobei zu erwarten ist, dass die Aufsichtsinstanzen die praktische Umsetzung der Grenzen kritisch beurteilen und national konkretisieren, um Missbrauch zu verhindern.

Allgemein wird mit der skizzierten Ausgestaltung der Kapitalanforderungen das Ziel verfolgt, das Kapital im Gesamtfinanzsystem konstant zu halten, es jedoch risikosensitiver zu allozieren. Annähernd gleichbleibende Eigenmittelanforderungen im Vergleich zu dem heutigen Ka-

---

[87] Vgl. Basel Committee on Banking Supervision, 2004, S. 51, § 231.
[88] Vgl. Basel Committee on Banking Supervision, 2004, S. 52, § 232.

pitalstandard erscheinen sinnvoll, wenn davon ausgegangen wird, dass der Solvenzstandard von 8% des Baseler Akkords von 1988 in den Ländern, in denen er angewandt wird, zu einer vergleichbar hohen Stabilität der Finanzsysteme geführt hat und übermäßige Veränderungen die internationalen Finanzmärkte zumindest kurzfristig destabilisieren könnten. Daneben soll jedoch die Anwendung des IRB-Ansatzes mit im Durchschnitt leicht verringerten Kapitalanforderungen honoriert werden, um Anreize zu einer Verbesserung der internen Risikomessung und -steuerung zu schaffen.[89]

2.3.3 Weitere Aspekte der Ausgestaltung der Kapitalanforderungen

Im Bezug auf die interne Schätzung der LGD hat es eine Verschiebung des Fokus der Anforderungen gegeben. Während im dritten Konsultationspapier für die LGD-Schätzung noch ein langfristiger Durchschnittswert je Kreditart gefordert wurde,[90] verlangt der aktuelle Rahmenvertrag die Orientierung an einer negativen ökonomischen Situation.[91] In der Formulierung wird nicht explizit definiert, wie diese Art Stressszenario in der Praxis ausgestaltet werden kann. Jedoch wurde eine Arbeitsgruppe eingerichtet, die in den letzten Monaten gemeinsam mit der Praxis das Thema intensiv eruiert hat. Als Ergebnis wurden grundsätzliche Richtlinien zur Quantifizierung der LGD-Schätzungen festgelegt, die flexibel gehalten sind, um sowohl unterschiedlichen sinnvollen Ausgestaltungen in den Kreditinstituten als auch zukünftigen Weiterentwicklungen gerecht zu werden.[92]

Von besonderem Interesse ist aufsichtlich auch die LGD ausgefallener Kredite. Es soll sichergestellt werden, dass eine ausreichende Kapitalunterlegung für ausgefallene Kredite vorhanden ist, die die Unsicherheit über die tatsächliche Erlösquote berücksichtigt.[93] Aus diesem Grund wurde im aktuellen Rahmenvertrag vorgeschrieben, dass die Kreditinstitute die Differenz zwischen obiger "Abschwung"-LGD und der bestmöglichen Schätzung des erwarteten Verlustes, die auf den aktuellen ökonomischen Rahmenbedingungen und dem Zustand der Kreditfazilität basiert, mit Eigenkapital zu unterlegen haben. Diese Differenz stellt den unerwarteten Verlust für ausgefallene Kredite dar.[94]

---

[89] Vgl. Norgren, 2003, S. 87.
[90] Vgl. Basel Committee on Banking Supervision, 2003, S. 83-84, § 430.
[91] Vgl. Basel Committee on Banking Supervision, 2004, S. 96, § 468.
[92] Vgl. Basel Committee on Banking Supervision, 2005, S. 2-6.
[93] Für eine detaillierte Analyse der LGD Konzeption siehe Schuermann, 2004, S. 250-271.
[94] Vgl. für diesen Abschnitt Basel Committee on Banking Supervision, 2004, S. 96, § 471.

Ebenfalls eine signifikante Änderung im Vergleich zum dritten Konsultationspapier und der Ausgestaltung in Basel I hat es hinsichtlich der Berücksichtigung von Wertberichtigungen gegeben. Es werden, dem ökonomischen Ansatz folgend, für die Kapitalanforderungen nur die unerwarteten Verluste (UL) berücksichtigt, da unterstellt wird, dass erwartete Verluste (EL) durch Wertberichtigungen und Rückstellungen gedeckt sind. Aus dieser weitreichenden Veränderung der Zielgröße bei der Kalibrierung der Kapitalanforderungen (nur noch unerwartete Verluste statt erwartete plus unerwartete Verluste) ergeben sich zahlreiche Konsequenzen für die Behandlung von Wertberichtigungen.

Im Vergleich zu der bisherigen regulatorischen Ausgestaltung[95] und der Verwendung im Standardansatz[96] können im IRB-Ansatz Pauschalwertberichtigungen nicht mehr bis zur Höhe von 1,25% der risikogewichteten Aktiva als Ergänzungskapital anerkannt werden.[97] Die im dritten Konsultationspapier vorgeschlagene Aufrechnung der Einzelwertberichtigungen (EWB) und Pauschalwertberichtigungen (PWB) mit dem erwarteten Verlust[98] innerhalb der Risikogewichte entfällt im aktuellen Rahmenkonzept ebenfalls ersatzlos. Beide Änderungen sind als direkte Folge des ökonomischen Ansatzes zu sehen. Wenn man davon ausgeht, dass Wertberichtigungen zur Abdeckung der erwarteten Verluste benötigt werden, können sie nicht zusätzlich zur Deckung der unerwarteten Verluste mit aufsichtlich anerkanntem Eigenkapital verwendet werden. Zudem muss zukünftig in der Praxis nachgewiesen werden, dass die erwarteten Verluste durch Wertberichtigungen abgedeckt sind und somit dem ökonomischen Ansatz Rechnung getragen wird.

Als weitere Konsequenz der Umstellung auf eine reine UL-Kalibrierung der Risikogewichte müssen Kreditinstitute nunmehr die mittels Ratingsystemen berechneten erwarteten Verluste mit ihren tatsächlich gebildeten Wertberichtigungen vergleichen. Falls der erwartete Verlust die Wertberichtigungen übersteigt (Provisioning Shortfall), wird den Kreditinstituten der Differenzbetrag jeweils zu 50% vom Kernkapital (Tier 1) und Ergänzungskapital (Tier 2) abgezogen. Falls der erwartete Verlust geringer ausfällt als die Wertberichtigungen (Provisioning Excess), wird den Kreditinstituten der Differenzbetrag zu 100% als Ergänzungskapital bis zu einer maximalen Obergrenze (Cap) von 0,6% der risikogewichteten Aktiva angerechnet.[99]

[95] Vgl. Basel Committee on Banking Supervision, 1988, S. 15, § 50.
[96] Vgl. Basel Committee on Banking Supervision, 2004, S. 12, § 42.
[97] Vgl. Basel Committee on Banking Supervision, 2004, S. 12, § 43.
[98] Vgl. Basel Committee on Banking Supervision, 2003, S. 68-69, § 342-348.
[99] Vgl. Basel Committee on Banking Supervision, 2004, S. 12, § 43.

Folgende Abbildung skizziert das jeweilige Vorgehen bei einem Provisioning Shortfall bzw. Excess.

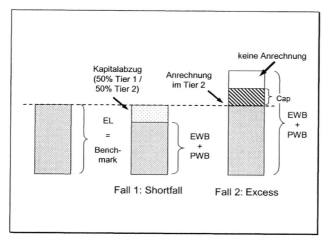

Abb. 2.3: Erwartete Verluste und Wertberichtigungen

Es steht im Ermessen der jeweiligen nationalen Aufsicht, die maximale Obergrenze nach unten anzupassen, wobei in Deutschland von dieser zusätzlichen risikoorientierten Maßnahme vermutlich kein Gebrauch gemacht wird. Aus der Ausgestaltung wird die Ungleichbehandlung einer Über- bzw. Unterdeckung deutlich, die jedoch aus der aufsichtlichen Sicht verständlich wird. Eine aus den Wertberichtigungen entstehende Unterdeckung muss zwangsläufig strenger als eine Überdeckung behandelt werden, um eine ausreichende Risikovorsorge sicherzustellen.

2.3.4 Mindestanforderungen an interne Ratingurteile

Die risikoorientierte Regulierung im IRB-Ansatz fußt auf dem Grundgedanken, dass Kreditinstitute ihre Kreditrisiken im Rahmen von internen Ratingurteilen selbst messen, wobei spezifische, von der Aufsicht vorgegebene Mindestanforderungen eingehalten werden müssen. Ein Großteil dieser Anforderungen bezieht sich auf das jeweilige interne Ratingsystem und die Fähigkeit der Kreditinstitute, Risiken in einer konsistenten, glaubwürdigen und zutreffenden Weise zu klassifizieren und zu quantifizieren.[100] Um eine sinnvolle Kreditrisikoeinschätzung sicherzustellen, kann ein internes Ratingsystem nur dann für die Berechnung der regulatori-

---

[100] Vgl. Basel Committee on Banking Supervision, 2004, S. 81, § 388.

schen Eigenkapitalanforderungen verwendet werden, wenn es bestimmten aufsichtlichen Mindestanforderungen entspricht. Der Fokus der Bankenaufsicht liegt bei der Prüfung und Anerkennung interner Ratings nicht auf der Bestimmung eines „besten" oder „optimalen" Ratingsystems. Vielmehr sollen die Kreditinstitute, die sich für den IRB-Ansatz entscheiden, ein ihrem spezifischen Kreditportfolio angemessenes Ratingsystem einsetzen. Im Folgenden werden diejenigen Mindestanforderungen diskutiert, die unter aufsichtlichen Erwägungen von besonderer Bedeutung sind.

1. Kriterien zur Sicherstellung einer aussagekräftigen Risikodifferenzierung

Um anerkannt zu werden, muss ein internes IRB-Ratingsystem eine getrennte Berücksichtigung des Ausfallrisikos des Schuldners und der transaktionsspezifischen Faktoren aufweisen.[101] Darüber hinaus ist eine ausreichende Anzahl an Risikoklassen zu installieren, um eine aussagekräftige Risikodifferenzierung innerhalb des Ratingsystems zu erreichen. Als Mindestanforderung gilt die Implementierung von sieben kreditnehmerbezogenen Ratingklassen und einer Klasse für ausgefallene Kreditnehmer.[102] Von Bedeutung ist in diesem Kontext, dass die Engagements sinnvoll über sämtliche Ratingklassen verteilt sind und sich keine übermäßigen Konzentrationen in einzelnen Klassen ausbilden.[103]

2. Vollständigkeit und Integrität der Ratingzuordnung

Als weitere wichtige Anforderung ist die Vollständigkeit und Integrität der Ratingzuordnung zu nennen. Um ein internes Ratingsystem für einige oder alle Portfolios aufsichtlich anerkennen lassen zu können, müssen alle Kredite dieser Portfolios geratet sein und den Kreditnehmern PDs zugeordnet werden.[104] Mit der Regelung kann die Aufsicht potentiell Rosinenpicken zwischen Standardansatz und IRB-Ansätzen verhindern. Die vollständige Aufnahme der Daten aller Kreditnehmer kann jedoch vor allem für Kreditinstitute, die aufgrund methodischer Verbesserungen ihrer Ratingsysteme ein neues Rating einführen möchten und damit ihr gesamtes Portfolio neu beurteilen müssen, hohen Arbeitsaufwand und Ressourceneinsatz implizieren.

---

[101] Vgl. Basel Committee on Banking Supervision, 2004, S. 82, § 396.

[102] Vgl. Basel Committee on Banking Supervision, 2004, S. 84, § 404.

[103] Vgl. Basel Committee on Banking Supervision, 2004, S. 84, § 403.

[104] Vgl. Basel Committee on Banking Supervision, 2004, S. 87, § 422. Diese Anforderung ermöglicht erst den Einsatz der IRB Ansätze.

Außerdem muss die Ratingzuordnung und mindestens jährliche Überprüfung unabhängig von allen Stellen in den Kreditinstituten sein, die ein Interesse daran haben könnten, das Rating ungerechtfertigt in eine bessere oder schlechtere Richtung zu beeinflussen.[105] Darunter sind alle Stellen in den Kreditinstituten zu verstehen, die aus der Vergabe einer speziellen Ratingklasse Vorteile ziehen könnten, wie z.b. Kundenbetreuer, die eine kreditvolumensabhängige Entlohnung erhalten, Kredite jedoch nur ab einer gewissen Mindestbonität genehmigt bekommen.

Diese Funktionstrennung könnte durch vollautomatisierte, nicht manipulierbare Ratingverfahren gewährleistet werden, die den Kundenbetreuern keine Eingriffsmöglichkeiten bei der Ratingvergabe lassen. Aufgrund der hohen Bedeutung von qualitativen Urteilen spezialisierter Kreditbetreuer, z.B. im Unternehmenskundenbereich,[106] wird es jedoch häufig sinnvoll sein, diese Einschätzung zu berücksichtigen und einer von der Kundenbetreuung unabhängigen Stelle zusätzliche Entscheidungskompetenz im Ratingverfahren zuzuordnen.

3. Überwachung von Ratingsystemen und Ratingprozessen

Im Baseler Rahmenvertrag werden im Hinblick auf die Corporate Governance Anforderungen an die Geschäftsleitung und das Management gestellt, die sich auf die Überwachung der Ratingsysteme und Ratingprozesse beziehen. Es wird gefordert, dass sämtliche wesentlichen Aspekte der Ratingverfahren von der Geschäftsleitung oder einem eigens dafür eingerichteten Gremium genehmigt werden müssen.[107] Die relevanten Gremien müssen ein grundsätzliches Verständnis über den Aufbau und die Anwendungsverfahren der Ratingsysteme und einen detaillierten Einblick in die korrespondierenden Managementreports haben. Das Management muss die fortlaufende ordnungsgemäße Funktionsweise der Ratingsysteme sicherstellen und regelmäßig auf Verbesserungsmaßnahmen hinarbeiten.

Die Gesamtverantwortung liegt bei der Geschäftsleitung, die auch wesentliche konzeptionelle Veränderungen an den Ratingsystemen oder -prozessen genehmigen muss. Darüber hinaus sind unabhängige Kreditüberwachungseinheiten zu installieren, die für die Ratingprozesse und Modelle verantwortlich sind.[108] Die interne Revision, die eine mindestens jährliche Überprüfung durchzuführen hat, ist in die Überwachung einzubinden.[109]

---

[105] Vgl. Basel Committee on Banking Supervision, 2004, S. 87, § 424-425.
[106] Vgl. Gann/ Hofmann, 2005, S. 473-474.
[107] Vgl. Basel Committee on Banking Supervision, 2004, S. 90, § 438-439.
[108] Vgl. Basel Committee on Banking Supervision, 2004, S. 90-91, § 441-442.
[109] Vgl. Basel Committee on Banking Supervision, 2004, S. 90-91, § 441-442.

4. Kriterien und Ausrichtung des Ratingsystems

Es wird erwartet, dass ein Kreditinstitut die jeweilige Zuordnung der Kreditengagements zu spezifischen Risikoklassen anhand exakt bezeichneter und ausreichend detailliert definierter Ratingprozesse und Kriterien vornimmt.[110] Die Ratingsysteme sollen alle relevanten Aspekte berücksichtigen. Konkrete Vorgaben für spezifisch einzusetzende Risikofaktoren existieren jedoch nicht. Dies würde auch die Idee interner Systeme konterkarieren. Die schriftlich fixierten Ratingdefinitionen müssen jedoch so ausgestaltet sein, dass Dritte die Zuordnung von Krediten zu den Ratingklassen nachvollziehen können. Zu jedem Zeitpunkt sind darüber hinaus sämtliche verfügbaren relevanten Informationen über die Risikofaktoren zu berücksichtigen, so dass eine zeitnahe, sinnvolle und konsistente Risikoeinschätzung möglich ist.[111] Je weniger Informationen dem Kreditinstitut über einen Kreditnehmer vorliegen, um so konservativer muss das Rating ausfallen.

5. Schätzung von PD, LGD und EAD

Grundsätzlich muss die PD-Schätzung dem langfristigen Durchschnittswert der auf ein Kalenderjahr bezogenen tatsächlichen Ausfallrate der Kreditnehmer in einer Ratingklasse entsprechen.[112] Kreditinstitute müssen dabei auf die im aktuellen Rahmenvertrag detailliert festgelegte definitorische Abgrenzung des Kreditausfallereignisses abstellen.[113] Ein Kreditnehmer ist danach dann als ausgefallen zu betrachten, wenn das Kreditinstitut davon ausgeht, dass die vollständige Erfüllung der Zahlungsverpflichtungen durch den Schuldner unwahrscheinlich ist und/ oder der Schuldner mit seinen Zahlungsverpflichtungen mehr als 90 Tage im Verzug ist. Die Ausfalldefinition ist sowohl für die Schätzung der Risikoparameter selbst als auch für die Aufzeichnung realisierter Ausfälle im Datensample zu berücksichtigen.[114]

Zur Ermittlung der durchschnittlichen Ausfallwahrscheinlichkeit je Ratingklasse kann das Kreditinstitut auf interne Ausfallraten bzw. institutsübergreifende gepoolte Daten, ein Mapping auf externe Daten, statistische Ausfallmodelle oder eine Kombination der Verfahren zurückgreifen.[115] Unabhängig davon muss die zugrundeliegende Datenhistorie von zumindest einer Datenquelle mindestens fünf Jahre betragen.[116] Bei Inkrafttreten des neuen Akkords wird

---

[110] Vgl. Basel Committee on Banking Supervision, 2004, S. 86-87, § 417, 418, 426.
[111] Vgl. Basel Committee on Banking Supervision, 2004, S. 84-85, § 410-411.
[112] Vgl. Basel Committee on Banking Supervision, 2004, S. 92, § 447.
[113] Vgl. Basel Committee on Banking Supervision, 2004, S. 92-93, § 452-453.
[114] Im Rahmenvertrag werden zusätzlich zahlreiche Hinweise auf drohende Zahlungsunfähigkeit definiert.
[115] Vgl. Basel Committee on Banking Supervision, 2004, S. 94, § 461.
[116] Vgl. Basel Committee on Banking Supervision, 2004, S. 94, § 463.

die Anforderung für Kreditinstitute im IRB-Basisansatz sowie für Retailportfolios jedoch zunächst auf eine Datenhistorie von zwei Jahren gesenkt und in der dreijährigen Übergangszeit jährlich um ein Jahr erhöht.[117] Neben der PD ist im fortgeschrittenen Ansatz die Schätzung einer geeigneten langfristigen ausfallgewichteten durchschnittlichen EAD nötig, die sich auf vergleichbare Geschäftsfälle und Kreditnehmer bezieht.[118] Außerdem schätzen Kreditinstitute in diesem Ansatz die LGD unter Beachtung der geschilderten Anforderungen selbst.

6. Datenerhebung und DV Systeme

Der Aufbau und die Verwaltung einer adäquaten Datenbasis stellt eine wichtige Komponente der Umsetzung, laufenden Überprüfung und Verbesserung der Ratingprozesse dar. Aus diesem Grund haben Kreditinstitute Daten über wesentliche Charakteristika (nämlich die Ratingmerkmale) der Kreditnehmer und Fazilitäten zu erheben und in einer geeigneten Datenbasis abzuspeichern. Die Daten müssen ausreichend detailliert sein, um geeignete Informationen für die internen Kreditrisikomess- und Steuerungsprozesse zu liefern, aber auch eine rückbetrachtende Zuordnung zu gestatten.[119] Dadurch soll eine laufende Überprüfung und Weiterentwicklung des Ratingsystems ermöglicht werden.

7. Anwendung interner Ratingverfahren

Die Nutzung bankinterner Risikomesssysteme kann als wichtiges Indiz für die Güte der Messverfahren gesehen werden. Unter bankaufsichtlichen Aspekten ist besonders wichtig, dass durch die internen Verfahren das Risikobewusstsein und -management in den Kreditinstituten verbessert wird.[120] Die interne Nutzung der Ratingsysteme für Managemententscheidungen stellt zudem eine Validierungsmethode für die Aufsicht dar.[121] Sobald betriebswirtschaftliche Entscheidungen eines Kreditinstituts auf den Ratingergebnissen basieren, kann von einem starken Eigeninteresse an der Korrektheit der Ratingurteile ausgegangen werden. Für Kreditinstitute, die ihre internen Ratingverfahren aufsichtlich anerkennen lassen möchten, müssen diese Ratings daher für mindestens drei Jahre integraler Bestandteil der internen Risikosteuerung gewesen sein.[122] Ratingsysteme, die nur unter bankaufsichtlichen Aspekten entwickelt und in der internen Praxis nicht genutzt werden, haben insofern keine Chance auf Anerkennung.

---

[117] Vgl. Basel Committee on Banking Supervision, 2004, S. 58, § 265.
[118] Vgl. Basel Committee on Banking Supervision, 2004, S. 97, § 475.
[119] Vgl. Basel Committee on Banking Supervision, 2004, S. 84, § 429.
[120] Vgl. Caruana, 2004, S. 2
[121] Vgl. Basel Committee on Banking Supervision, 1996, S. 39.
[122] Vgl. Basel Committee on Banking Supervision, 2004, S. 91, § 444, 445.

Beispiele für den internen Einsatz sind die Beachtung der Ratingurteile und der resultierenden Standardrisikokosten in der Kreditvergabe, ratingbasierte Limitsysteme und Kreditvergabekompetenzen sowie ratingabhängige Managementinformationssysteme. Außerdem muss über ein grundsätzliches Stresstesting zur Überprüfung der Angemessenheit der Kapitalanforderungen[123] hinaus jedes Kreditinstitut ein Kreditrisikostresstesting durchführen. In diesem Test sollen die Auswirkungen z.B. einer rezessiven Phase und die korrespondierende Ratingmigration simuliert werden.[124]

8. Interne Validierung

Da die regulatorischen Kapitalanforderungen von der Höhe der intern geschätzten Risikoparameter abhängen, ist bankenaufsichtlich die Eignung der Parameterausprägungen sicherzustellen. Im Rahmenvertrag ist deshalb festgelegt, dass Kreditinstitute über ein stabiles Verfahren zur Validierung der Ratingkonzeption und der resultierenden Schätzungen verfügen müssen.[125] Bei der Validierung der Risikoparameter PD, LGD und EAD tritt jedoch das Problem wie bei der Validierung von Kreditrisikomodellen auf, dass in den meisten Kreditinstituten die Zeitreihen, die häufig sogar wiederum als Dateninput für die Schätzungen des Folgejahres benutzt werden, nicht lang genug sind, um darauf ein statistisch motiviertes Backtesting aufzubauen.

Im Gegensatz zu der Validierung von Assetkorrelationen in den Kreditrisikomodellen können historische Ausfallraten, LGD und EAD aber direkt beobachtet werden. So ist zum Beispiel ein regelmäßiger Abgleich der geschätzten PD in jeder Ratingklasse mit den tatsächlichen Ausfallraten durchzuführen, um einen Eindruck über die Güte der geschätzten Ausfallwahrscheinlichkeiten zu erhalten.[126] Daneben können statistische Methoden, wie Ginikurven und Powerstatistiken, dazu beitragen, zumindest die Trennschärfe der Ratingsysteme einzuschätzen.[127] Diese Verfahren sagen jedoch noch nichts über die adäquate Schätzung der absoluten PD pro Ratingklasse aus.[128] Weitere Ansätze zur Validierung von Ratingsystemen bestehen bspw. im Ziehen von Stichproben aus historischen Daten, um auf Basis historischer Teilport-

---

[123] Vgl. Basel Committee on Banking Supervision, 2004, S. 89, § 434.

[124] Vgl. Basel Committee on Banking Supervision, 2004, S. 89, § 435-437.

[125] Vgl. Basel Committee on Banking Supervision, 2004, S. 102, § 500.

[126] Vgl. Basel Committee on Banking Supervision, 2004, S. 102, § 501.

[127] Für einen aktuellen Überblick verschiedener Verfahren siehe Grunert/ Weber, 2004, S. 32-36.

[128] Als Trennschärfemaße setzen beide Verfahren die Anzahl der ausgefallenen Kreditnehmer in einer Ratingklasse ins Verhältnis zur Anzahl der ausgefallenen Kreditnehmer im gesamten Portfolio, während Ausfallwahrscheinlichkeiten eine andere Verhältniszahl beschreiben, nämlich die Anzahl der ausgefallenen Kreditnehmer einer Ratingklasse zur Gesamtzahl aller Kreditnehmer dieser Ratingklasse.

folios Ausfallraten zu generieren und durch die Bildung vieler Teilportfolios die statistische Datenbasis für ein Backtesting zu vergrößern. Diese Methoden sind jedoch noch nicht weit fortgeschritten, so dass sich aus heutiger Sicht die Validierung interner Ratingurteile aus einem Mix aus qualitativer Gütebewertung und sich über die nächsten Jahre potentiell neu entwickelnden Techniken ergeben wird.

9. Offenlegung risikorelevanter Informationen

Als letzte wichtige Mindestanforderung an die Verwendung des IRB-Ansatzes soll darauf hingewiesen werden, dass ein Kreditinstitut sich für die Anwendung nur dann qualifiziert, wenn es die Offenlegungsanforderungen der dritten Säule erfüllt.[129] Die Offenlegung der risikorelevanten Informationen stellt die notwendige Voraussetzung einer adäquaten aufsichtlichen Überwachung und Kontrolle dar.

Zusammenfassend bleibt anzumerken, dass die im aktuellen Rahmenkonzept formulierten regulatorischen Mindestanforderungen an interne Ratingsysteme zu weiten Teilen mit den Kriterien korrespondieren, die aus ökonomischen Gesichtspunkten als sinnvoll erachtet werden,[130] so dass die Ausgestaltung auch in der Praxis auf Zustimmung stoßen sollte.

2.3.5 Weitergehende Baseler Arbeiten

Obwohl der Baseler Ausschuss zur Modellierung der aufsichtlichen Risikogewichte ein selbst kalibriertes Kreditrisikomodell einsetzt, werden im Rahmen von Basel II bankinterne Modelle zur Ermittlung des ökonomischen Kapitals nicht für die Berechnung der regulatorischen Kapitalanforderungen anerkannt. Zum aktuellen Zeitpunkt sprechen aus Sicht der Bankenaufseher im Wesentlichen drei Gründe gegen den Einsatz interner Kreditrisikomodelle für regulatorische Zwecke.

1. Schätzung der Korrelationen

Kreditrisikomodelle berücksichtigen im Unterschied zu der einzelengagementbezogenen Risikomessung mittels Rating Ausfallkorrelationen, die eine Risikobetrachtung auf Portfolioebene ermöglichen. Die Ausfallkorrelationen sind jedoch nicht direkt beobachtbar, sondern müssen aus den Korrelationen der Vermögenswerte der Kreditnehmer oder aus anderen Faktoren abgeleitet werden, so dass beträchtliche Unsicherheiten entstehen und die Schätzung der Aus-

---

[129] Vgl. Basel Committee on Banking Supervision, 2004, S. 112, § 537.
[130] Vgl. Krahnen/ Weber, 2001, S. 10-18.

fallkorrelationen jeweils abhängig von dem bankintern verwendeten Modell sowie der Güte der Inputfaktoren ist. Das Problem wird noch dadurch verstärkt, dass die Korrelationsstruktur zeitlich nicht statisch ist, sondern potentiell starken Schwankungen unterliegt.

2. Validierung

Aufgrund der mangelnden direkten Beobachtbarkeit von Ausfall- und Assetkorrelationen am Markt ist ein Abgleich der Ergebnisse des Kreditrisikomodells gegen die Realität in einem Backtestingverfahren essentiell. Eine ähnliche Vorgehensweise wie bei Marktrisikomodellen ist im Kreditrisikobereich jedoch aufgrund der geringen Datenbasis und der Abhängigkeiten zwischen den Kreditnehmern nur schwer darstellbar. Da die Entwicklung alternativer Back-testing Tools bislang noch wenig fortgeschritten ist,[131] sind zukünftig weitere Forschungsar-beiten in diesem Bereich und die Entwicklung neuer, innovativer Methoden nötig, um das Vertrauen der Bankenaufsicht in Kreditrisikomodelle zu stärken.

3. Konsequente Steuerung mit Kreditrisikomodellen

Aus Sicht der Bankenaufsicht besteht, vergleichbar der Überprüfung der Marktrisikomodelle oder der Ratingsysteme, ein wichtiger impliziter Test der modellspezifischen Prognosegüte darin, inwieweit die Modellergebnisse in der internen Risikosteuerung Verwendung finden.[132] Bei der Kreditrisikomodellierung ist jedoch eine konsequente Umsetzung in der Risikosteue-rung derzeit bei vielen Kreditinstituten erst im Aufbau. Den Kreditinstituten soll daher auch unter diesem Aspekt mehr Zeit gegeben werden, ihre Modelle intern konsequent in alle Kre-ditprozesse und -entscheidungen einzubinden und damit die Qualität ihrer eigenen Modelle zu stärken.

Aus den geschilderten Gründen werden unter Basel II Kreditrisikomodelle noch nicht für die Ermittlung der bankenaufsichtlichen Eigenmittelunterlegung anerkannt. Basel II ist jedoch zweifellos als ein Schritt zu Kreditrisikomodellen zu interpretieren,[133] da den Kreditinstituten im Rahmen des IRB-Ansatzes die Möglichkeit eingeräumt wird, wichtige Inputparameter von Kreditrisikomodellen wie PD, LGD und EAD intern zu schätzen und bankenaufsichtlich aner-kennen zu lassen. Darüber hinaus können sich die Kreditinstitute durch das Angebot eines evolutionären IRB-Ansatzes (Basis- und fortgeschrittener IRB-Ansatz) schrittweise der eige-nen Schätzung aller Inputparameter für ein vollständiges Kreditrisikomodell nähern. Je besser

---

[131] Vgl. Bühler u.a., 2002, S. 185-217 und Höse/ Huschens, 2003, S. 144-161.
[132] Vgl. Basel Committee on Banking Supervision, 1996, S. 39.
[133] Vgl. Hammes/ Shapiro, 2001, S. 104-105.

die Validierungsmethoden für Kreditportfoliomodelle werden und je konsequenter die Modelle intern eingesetzt werden, umso wahrscheinlicher wird eine zukünftige Anerkennung für regulatorische Zwecke.

Für eine langfristig denkbare Anerkennung von Kreditrisikomodellen sind jedoch noch weitere Forschungsarbeiten nötig. Einige der wichtigsten Gebiete sind die Weiterentwicklung der Methoden zur Korrelationsschätzung in Kreditportfolios sowie die Entwicklung zuverlässiger Validierungstechniken in einem Umfeld begrenzter Zeitreihen. Kreditinstitute werden insofern ermutigt, auch ohne bislang geplante aufsichtliche Anerkennung, intern weiter an ihren Kreditrisikomodellen zu arbeiten, um Fortschritte bei der Lösung obiger Probleme zu erzielen.

Neben den Kreditrisikomodellen, deren aufsichtliche Anerkennung aus oben genannten Gründen eher mittel- bis langfristig zu erwarten ist, hat der Baseler Ausschuss in seiner Rahmenvereinbarung auch andere Themengebiete explizit benannt, die in der Zukunft diskutiert werden sollen. Einige dieser Themen sind eng mit der Rahmenvereinbarung verbunden und sollen noch vor Inkrafttreten bearbeitet sein. Hierzu zählen insbesondere Anpassungen in der Unterlegung von Kreditrisiken im Handelsbuch und die aufsichtliche Anerkennung von sogenannten "Double Default"-Effekten.[134]

Kreditinstitute müssen Derivate im Handelsbuch zusätzlich zu den Kapitalanforderungen für Marktrisiken mit Eigenkapital zur Abdeckung eines potentiellen Ausfalls ihrer Geschäftspartner (sog. Counterparty Risk oder Adressenausfallrisiko) unterlegen. Die Anforderung entstammt der Überlegung, dass sich bei Preisänderungen von Derivaten zugunsten des Kreditinstitutes ein Exposure gegenüber dem Kontrahenten ergibt. Wenn der Kontrahent ausfällt und die positive Differenz nicht mehr bezahlen kann, würde das Kreditinstitut exakt dieses Exposure verlieren.

Die Höhe der zukünftigen Exposures, die dem Kontrahentenrisiko unterliegen, ist unsicher. Die Bankenaufsicht hat bislang (in Grundsatz I und den entsprechenden Baseler und Brüsseler Papieren) Zuschlagsfaktoren (Add-Ons) zur Bestimmung des Kontrahentenrisikos festgelegt. Diese Zuschlagsfaktoren sind unverändert in die neue Rahmenvereinbarung übernommen worden.[135] Kreditinstitute dürfen das zukünftige potentielle Exposure (Potential Future Exposure, PFE) für die aufsichtliche Eigenmittelbestimmung nicht selbst modellieren. Das PFE ist dem Wesen nach jedoch gut mit dem EAD für variable Kreditlinien vergleichbar, das Kredit-

---

[134] Vgl. Basel Committee on Banking Supervision, 2004, S. 4, § 16.

institute im fortgeschrittenen Ansatz selbst schätzen dürfen. Einige größere internationale Kreditinstitute modellieren das PFE für ihre interne Risikosteuerung auch schon selbst. Die Methoden unterscheiden sich jedoch stark von den Ansätzen zur EAD-Schätzung.

Bis zum Abschluss der Baseler Rahmenvereinbarung waren in der bankinternen Praxis die PFE-Schätzmethoden noch nicht so weit gediehen, dass die Entwicklung aufsichtlicher Anerkennungsstandards möglich gewesen wäre. Der Baseler Ausschuss will sich jedoch des Themas bis zur Implementierung von Basel II annehmen und geeignete Anerkennungsstandards entwickeln, um neben den aufsichtlich vorgegebenen Zuschlagsfaktoren auch institutseigene Schätzungen zuzulassen.

Double-Default-Effekte entstehen, wenn Kreditinstitute sich durch Einholen von Garantien oder den Kauf von Kreditderivaten vor Ausfallrisiken absichern.[136] Das Institut verliert nur dann tatsächlich Geld, wenn Kreditnehmer und Garantiegeber gleichzeitig ausfallen, es also einen "doppelten Ausfall" gibt. Sowohl die heutigen als auch die zukünftigen Baseler Regelungen stellen durch den Substitutionsansatz für Garantien (d.h. Ersetzen des Risikogewichts bzw. der Ausfallwahrscheinlichkeit des Kreditnehmers durch die des Garanten) ausschließlich auf den Garantenausfall ab. Das wahre Kreditrisiko wird damit überschätzt, da die Wahrscheinlichkeit eines doppelten Ausfalls immer geringer oder gleich der Ausfallwahrscheinlichkeit einer Partei ist.

Der Baseler Ausschuss erkennt die Existenz der Double-Default-Effekte an und hat erklärt, bis zur Implementierung der Rahmenvereinbarung diesem Umstand Rechnung zu tragen.[137] Die größte Schwierigkeit bei der Anerkennung der Double-Default-Effekte liegt darin, dass die gemeinsame Ausfallwahrscheinlichkeit von Kreditnehmer und Garanten von der Korrelation zwischen beiden abhängt.[138] Es ist offen, wie die Anerkennung der Double-Default-Effekte zukünftig gestaltet wird. Als wenig wahrscheinlich dürfte unter den o.g. Aspekten jedoch die Zulassung eigener Korrelationsschätzungen sein. Wahrscheinlicher sind die aufsichtliche Festlegung von Korrelationen (ähnlich wie in den Risikogewichtsfunktionen des IRB-Ansatzes), gekoppelt mit genauen Anforderungen, für welche Kreditnehmer-Garanten-Kombinationen welche Korrelationen verwendet werden sollen, sowie Ausschlusskriterien für die Anerken-

---

[135] Vgl. Basel Committee on Banking Supervision, 2004, S. 40-41, § 186, 187.

[136] Vgl. Basel Committee on Banking Supervision, 2004, S. 65, § 301.

[137] Vgl. Basel Committee on Banking Supervision, 2004, S. 4, § 16.

[138] Wegen der Schwierigkeiten mit institutseigenen Korrelationsschätzungen sind wie oben skizziert auch die Kreditrisikomodelle zum jetzigen Zeitpunkt nicht zugelassen worden.

nung zu stark korrelierter Parteien.

Nicht zuletzt wird sich der Baseler Ausschuss - allerdings wieder mit einem langfristigen Horizont - auch mit der Überarbeitung der regulatorischen Eigenkapitaldefinition befassen müssen. Die Eigenkapitaldefinition besteht in identischer Form seit Inkrafttreten von Basel I im Jahr 1988, während sich die Kapitalbestandteile durch die Einführung hybrider Produkte und anderer innovativer Kernkapitalelemente stark verändert haben. Der Ausschuss wird sicherlich auf diese Änderungen reagieren.

2.4 Kreditrisikosteuerung in Säule 2

Auch in der zweiten Säule der Baseler Eigenmittelvereinbarung werden Kreditrisiken explizit und implizit angesprochen. Explizit werden Kreditinstitute aufgefordert, sich mit den Risiken zu befassen, die in Säule 1 nicht abgedeckt sind.[139] Im Kreditrisikobereich sind hier speziell Konzentrationsrisiken zu nennen, die durch zu starke Portfoliofokussierung auf einzelne Kreditnehmer, Regionen, Branchen o.ä. entstehen.

Die Baseler Regelungen geben zu der internen Behandlung dieser Risiken keine spezifischen Methoden vor - die Kreditinstitute sind selbst gefordert, adäquate Mess- und Steuerungsmethoden zu entwickeln. Ebenso muss für diese Risiken kein explizites Eigenkapital vorgehalten werden. Die Bankenaufsichtsinstanzen werden sich jedoch potentiell im Rahmen des Überprüfungsprozesses genau ansehen, wie hoch die in Säule 1 nicht abgedeckten Kreditrisiken sind, und gegebenenfalls im Rahmen der allgemeinen Anforderungen der Säule 2 zusätzliches Eigenkapital zur Abdeckung dieser Risiken verlangen.

Zudem sind Kreditinstitute in Säule 2 aufgefordert, sich - über Säule 1 hinausgehend - mit ihrem Gesamtrisiko, d.h. dem Risiko über alle Geschäfte und Risikoarten, zu beschäftigen und sich selbst hinsichtlich einer adäquaten Kapitalausstattung einzuschätzen (sog. Capital Adequacy Assessment Process CAAP).[140] Für diese interne Einschätzung haben die Kreditinstitute wiederum vollkommene Methodenfreiheit. Selbst der intern verwendete Eigenkapitalbegriff ist nicht aufsichtlich vorgegeben. Viele Institute arbeiten intern mit dem Begriff des "ökonomischen Kapitals", der gleichwohl in den Häusern verschieden definiert wird.

---

[139] Vgl. Basel Committee on Banking Supervision, 2004, S. 158, § 724.
[140] Vgl. Basel Committee on Banking Supervision, 2004, S. 159, § 725, 726.

Im Rahmen des CAAP müssen sich Kreditinstitute neben vielen anderen Risikoarten auch mit Kreditrisiken, diesmal jedoch eher auf der Portfolioebene, befassen. Zur Erfüllung der Anforderungen des CAAP können bankinterne Kreditrisikomodelle eingesetzt werden. Da der CAAP aber keine Auswirkungen auf die Mindestkapitalanforderungen aus Säule 1 hat, sondern eine zusätzliche Anforderung darstellt, kann auch in diesem Rahmen nicht von einer Anerkennung der Kreditrisikomodelle gesprochen werden. So ist es auch möglich, einfachere Methoden weit unterhalb des Anspruchs komplexer mathematisch-statistischer Modelle einzusetzen. Jedoch werden auch Kreditinstitute, die den Standardansatz anwenden, nicht umhin kommen, intern ein CAAP zu implementieren.

2.5 Implementierung der Baseler Regelungen in Deutschland

Die Baseler Regelungen stellen formal nur eine Empfehlung des Baseler Ausschusses zu den Eigenmittelanforderungen großer, international tätiger Kreditinstitute dar. Die Europäische Kommission hat die Empfehlung jedoch frühzeitig aufgenommen und wird sie in einer für alle Mitglieder der Europäischen Union verbindlichen Richtlinie umsetzen. Im Sinne der Wettbewerbsgleichheit wurde hierbei beschlossen, die Baseler Regelungen für alle Kreditinstitute i.S. der Kapitaladäquanzrichtlinie anzuwenden. Ein erster Richtlinienentwurf der Europäischen Kommission liegt vor und wird ab Herbst im Europäischen Rat und im Europäischen Parlament diskutiert.

Über die Richtlinie wird Basel II dann in nationales Recht umgesetzt und damit zwingend für alle Kreditinstitute in Deutschland. Die rechtliche Umsetzung in Deutschland wird vermutlich über den Verordnungsweg (Neufassung Solvabilitätsverordnung) sowie gegebenenfalls nötiger Änderungen im Kreditwesengesetz (KWG) vollzogen. Sowohl die europäische Richtlinie als auch ihre deutsche Umsetzung sollen zeitgleich mit der Baseler Rahmenvereinbarung Ende 2006 in Kraft treten.

Um diesen ambitionierten Zeitplan einzuhalten, hat die Deutsche Bankenaufsicht schon im Herbst 2003 verschiedene Gremien eingerichtet, die die Umsetzung inhaltlich vorbereiten sollen. Insbesondere wurde ein sogenannter "Arbeitskreis Basel II", bestehend aus Vertretern der Bundesanstalt für Finanzdienstleistungsaufsicht (BaFin), der Deutschen Bundesbank und der Kreditwirtschaft ins Leben gerufen. Der Arbeitskreis wird von 6 Fachgremien unterstützt, die sich mit einzelnen Aspekten der neuen Regelungen auseinandersetzen (IRB-Ansatz, Sicherheiten, Verbriefungen, operationelle Risiken, Säule 2 und Säule 3) und ebenfalls mit Vertretern der genannten Institutionen besetzt sind.

In den Gremien werden Auslegungs- und Konkretisierungsfragen für die Solvabilitätsverordnung diskutiert. Beispiele hierfür sind die Konkretisierung der Materialitätsschwelle zur partiellen Anwendung der IRB-Ansätze, die Umsetzung der Baseler Ausfalldefinition bezogen auf das deutsche Rechnungslegungssystem sowie Auslegungsfragen bei der bankinternen Implementierung der Retaildefinition. Sowohl der Arbeitskreis als auch die Fachgremien verstehen sich hierbei nicht als Entscheidungsträger. Sie stellen vielmehr Beratungsgremien für die Bankenaufsicht zur Erstellung des Entwurfs der Solvabilitätsverordnung dar.

Wenn sich Bankenaufsicht und Kreditindustrie in bestimmten Fragen inhaltlich einigen, besteht eine hohe Wahrscheinlichkeit der entsprechenden Umsetzung in nationales Recht. Die Gremien dienen der Industrie insofern auch zur Erzielung einer höheren Planungssicherheit bei den nicht unerheblichen Investitionen, die Basel II mit sich bringt. Die Protokolle der Fachgremien sind daher auch öffentlich und können auf den Internetseiten von BaFin und Deutscher Bundesbank eingesehen werden.

2.6 Zusammenfassung

Durch die neue Baseler Rahmenvereinbarung und ihre europäische und nationale Umsetzung wird die regulatorische Kapitalunterlegung für Kreditrisiken erstmals risikosensitiv ausgestaltet. Kreditinstitute können zwischen verschiedenen Konzeptionen zur Bestimmung der Eigenmittelanforderungen wählen. Die Ansätze unterscheiden sich im Grad der Risikosensitivität voneinander und erlauben den Instituten einen schrittweisen Einstieg in fortgeschrittene Methoden. Die neue Baseler Rahmenvereinbarung sollte damit wichtige Impulse für die Weiterentwicklung interner Kreditrisikomess- und -managementverfahren setzen. Da vor allem bankinterne Ratingurteile zunehmend an Bedeutung gewinnen, wurden in dieser Arbeit Mindestanforderungen an Ratingsysteme diskutiert und relevante Implikationen aufgezeigt. Vollständige Kreditrisikomodelle werden dagegen auch unter Basel II noch nicht anerkannt. Die Gründe hierfür liegen maßgeblich in den skizzierten ungelösten methodischen Fragen hinsichtlich der Korrelationsschätzung und -validierung. Über die sogenannte Säule 2 der neuen Regelungen werden die Institute jedoch schon heute aufgefordert, sich auch mit der Kreditrisikosteuerung auf Portfolioebene zu befassen. Inwieweit komplexere Modelle mittel- oder langfristig einer Anerkennung zugeführt werden können, hängt maßgeblich von der Weiterentwicklung der Systeme selbst ab.

3. Die Ausgestaltung des bankinternen Ratingverfahrens als Ansatzpunkt zur Risikooptimierung

3.1 Einleitung

Die Kreditrisikoeinschätzung und Kontrolle ist seit einigen Jahren verstärkt in den Fokus der Banken gerückt.[141] Da neben der Portfoliosteuerung vor allem die Qualität der vergebenen Einzelengagements die jeweilige Ausfallrate determiniert, nimmt im Rahmen des Kreditrisikomanagements der Ratingprozess zur Selektion und Betreuung der Kreditnehmer eine zentrale Rolle ein.[142] Aus institutioneller Sicht können zwei wesentliche Ansatzpunkte zur Verbesserung der Kreditnehmerauswahl und Überwachung identifiziert werden. Die erste Stoßrichtung ist im Bereich des Relationship Banking anzusiedeln, indem durch Kundennähe und Marktkenntnis Transparenz und ein guter Einblick in die lokalen Märkte geschaffen wird.[143] Im Sinne eines technologieorientierten Kreditmanagements bietet sich eine zweite Stoßrichtung an. Durch Weiterentwicklung der statistischen Evaluations- und Prognoseverfahren kann potentiell die Trennschärfe und Prognosegenauigkeit der statistischen Verfahren erhöht und die systembasierte quantitative Klassifizierung der Kreditnehmer verbessert werden.[144]

Unabhängig von der jeweiligen Ausgestaltung wird der Erfolg der Kreditnehmerbeurteilung und -betreuung immer auch von den zuständigen Bankmitarbeitern beeinflusst.[145] Um Agencykonflikten zu begegnen, erscheint es deshalb sinnvoll, ein geeignetes bankinternes Anreizsystem zu implementieren, das die jeweilige markt- und technologiespezifische Ausrichtung berücksichtigt. Obwohl der organisatorischen Ausgestaltung der Kreditvergabe und Incentivierung der Kreditbetreuer eine zentrale Bedeutung zugemessen werden kann, wurde diese Thematik in der Literatur bisher nur begrenzt behandelt. Diese Arbeit versucht die Lücke ein Stück zu schließen, indem relevante Zusammenhänge sowohl empirisch als auch modelltheoretisch betrachtet werden. Aufbauend auf der empirischen Analyse kleiner und mittelgroßer Kreditinstitute wird ein integriertes Anreizmodell der Kreditbetreuersteuerung entwickelt, in dem das Zusammenspiel der beteiligten Akteure und die Implikationen der beiden skizzierten Stoßrichtungen untersucht werden.

---

[141] Vgl. Altman/ Saunders, 1998, S. 1722.
[142] Vgl. Winton, 1999, S. 1-5.
[143] Vgl. Gann/ Hofmann, 2005, S. 473-474, Hauswald/ Marquez, 2005, S. 5-6, Rudolph, 2004a, S. 8-10, Almazan, 2002, S. 92, Dell'Ariccia/ Friedman/ Marquez, 1999, S. 515-517 und Dell'Ariccia, 1998, S. 5-18.
[144] Für einen Überblick über verschiedene modellgestützte Bewertungsansätze siehe Grundke, 2003, S. 8-24.
[145] Vgl. Schmoll, 2004, S. 40-42, Caouette/ Altman/ Narayanan, 1998, S. 90.

Das dritte Kapitel gliedert sich wie folgt: Nach einem einführenden Überblick in 3.2 wird im darauf folgenden Abschnitt ein empirischer Einblick in relevante Aspekte gegeben. Im Unterkapitel 3.4 erfolgt eine detaillierte modelltheoretische Analyse der Kreditbetreuersteuerung. Der Beitrag schließt mit einer Zusammenfassung.

3.2 Die bankinterne Konzeption der Kreditnehmerbeurteilung

Kreditbeziehungen sind durch hohe vor- und nachvertragliche Informationsasymmetrien gekennzeichnet, da die kreditvergebende Seite grundsätzlich schlechter über die Eigenschaften der Schuldner informiert ist als diese selbst.[146] Dadurch kann es zur Auswahl unerwünschter Kreditnehmer, zur sogenannten adversen Selektion[147], und zu opportunistischem Verhalten der Schuldner während der Kreditlaufzeit kommen.[148] Das Risiko der Kreditvergabe hängt somit maßgeblich von den Informationen über die zukünftige Entwicklung der Kreditnehmer ab.[149] Der Nutzen einer Selbstauskunft ist begrenzt, da Kreditnachfrager ein Interesse haben, ihre Rückzahlungsfähigkeit (zu) positiv darzustellen.[150] Um deshalb vor und während der Kreditlaufzeit den Informationsnachteil zu verringern, werden in Kreditinstituten umfassende Ratingprozesse zur Kreditwürdigkeitsprüfung und Überwachung installiert.[151]

Ratingurteile ermöglichen eine systematische Einschätzung der Kreditnehmer.[152] Primäre Aufgabe von Ratingsystemen ist die Erstellung einer Bonitätsklassifizierung.[153] Diese Einteilung dient als Grundlage für die Kreditvergabeentscheidung, die Gestaltung der Konditionen und die Eigenkapitalunterlegung.[154] Um eine laufende Überwachung der Bonitätsveränderungen zu gewährleisten, erfolgt auch während der Kreditlaufzeit eine regelmäßige Überprüfung und gegebenenfalls Revidierung der Einschätzungen. Der Ratingprozess hat somit im Rahmen des bankinternen Kreditrisikomanagements eine zentrale Bedeutung. Er fungiert sowohl ex

---

[146] Vgl. Estrella, 2000, S. 11.
[147] Vgl. Akerlof, 1970, Stiglitz/ Weiss, 1981, S. 393-394.
[148] Vgl. Hartmann-Wendels, 1990, S. 231. In einem Kreditmarkt können diese Informationsasymmetrien zur Kreditrationierung führen, vgl. Jaffee/ Russell, 1976, S. 652-657.
[149] Vgl. Rudolph, 1974, S. 24-25.
[150] Vgl. Terberger, 1987, S. 232.
[151] Spezialisierungsvorteile in diesem Bereich können zur Begründung der Existenz von Banken herangezogen werden, vgl. Diamond, 1984, Neuberger, 1994, S. 32 und für einen Überblick Breuer 1993, S. 189-256 oder Henke, 2002, S. 29-46.
[152] Die Verbesserung der Risikoeinschätzung durch Ratings ist auch empirisch überprüfbar, vgl. z.B. Czarnitzki/ Kraft, 2004, S. 4-14 oder Galil, 2003, S. 18-34. Unterschieden werden kann dabei grundsätzlich zwischen dem Rating eines Kreditnehmers und eines bestimmten Engagements, wobei letzteres zusätzlich die Sicherheiten berücksichtigt, vgl. Brunner/ Krahnen/ Weber, 2000, S. 5.
[153] Vgl. Oelerich/ Poddig, 2003, S. 3.
[154] Vgl. Treacy/ Carey, 2000, S. 168.

ante als Screeninginstrument zur Selektion erwünschter Unternehmen als auch während der Kreditlaufzeit als Monitoringmechanismus, der Informationen über potentielle Bonitätsveränderungen liefert.[155] Eine überlegene bankinterne Einschätzung der Kreditnehmerrisiken stellt einen bedeutenden Wettbewerbsfaktor dar,[156] der auch als Markteintrittsbarriere für potentielle Konkurrenten dienen kann.[157] Die durch den Ratingprozess zwangsläufig entstehenden Kosten können als Bestandteil einer Prämie[158] interpretiert werden, die bei externer Kapitalaufnahme im Vergleich zu unternehmensinterner Finanzierung anfällt. Rating stellt in diesem Sinne, vergleichbar dem „Costly State Verification" - Ansatz von Townsend (1979)[159], die mit Kosten verbundene Möglichkeit dar, den Informationsnachteil des schlechter informierten Vertragspartners zu verringern.

Grundsätzlich wird die Kreditnehmerbeurteilung und -überwachung durch ein System dargestellt, das sowohl auf eine statistisch quantitative Analyse als auch auf subjektive Einschätzungen der Kreditbetreuer zurückgreift.[160] Um eine vorteilhafte Ausgestaltung zu erreichen, können somit zwei primäre Stoßrichtungen identifiziert werden.[161] Einerseits kann zur Erhöhung der Trennschärfe und Prognosequalität die statistische Verbesserung der Scoring- und Ratingsysteme angestrebt werden.[162] Mit Hilfe einer superioren quantitativen Klassifizierung ist es ceteris paribus möglich, den Ertrag zu steigern und die erforderliche Eigenkapitalunterlegung zu senken.[163] Andererseits bieten auch die Kundennähe und Marktkenntnis der Kreditbetreuer als Basis einer überlegenen subjektiven Beurteilung und Betreuung der Kreditnehmer entsprechende Ansatzpunkte.[164] Einschätzungen der Kreditmitarbeiter können persönliche

---

[155] Damit nicht andere potentielle Kreditgeber als „Free-rider" von den Ratinginformationen profitieren können und den Nutzen verwässern, ist eine Bank grundsätzlich im Gegensatz zu Ratingagenturen weder an der Veröffentlichung des Ratingurteils noch der Konditionen der potentiellen Kreditvergabe interessiert, vgl. Estrella, 2000, S. 11.
[156] Vgl. Krahnen/ Weber, 2001, S. 5-6, Krumnow, 2000, S. 686 und Athavale/ Edmister, 2004, S. 237-250 für eine empirische Überprüfung.
[157] Vgl. Dell'Ariccia/ Friedman/ Marquez, 1999, S. 518-527 für eine modelltheoretische Analyse und Shaffer, 1998, S. 376-379 für korrespondierende empirische Ergebnisse.
[158] Vgl. Bernanke/ Gertler, 1989, S. 14.
[159] Vgl. Townsend, 1979, S. 266-271, Winton, 1995, S. 95.
[160] Vgl. Weber/ Krahnen/ Vossmann, 1999, S. 121.
[161] Die beiden Stoßrichtungen sind in den Bereich der operativen und nicht strategischen Planung einzuordnen. Zur Abgrenzung der strategischen Planung siehe Ballwieser, 1990, S. 76-88.
[162] Vgl. Altman/ Saunders, 1998, S. 1723-1727.
[163] Vgl. Bächstädt/ Bauer/ Geldermann, 2004, S. 578, Blöchlinger/ Leippold, 2005, S. 11-19.
[164] Vgl. Gann/ Hofmann, 2005, S. 473-474, Hauswald/ Marquez, 2005, S. 5-6, Rudolph, 2004a, S. 8-10, Almazan, 2002, S. 92, Dell'Ariccia/ Friedman/ Marquez, 1999, S. 515-517 und Dell'Ariccia, 1998, S. 5-18. Empirisch lässt sich die Vorteilhaftigkeit langfristiger Geschäftsbeziehungen zu den Kreditnehmern eines bestimmten Bereiches oder räumlicher Nähe nur eingeschränkt überprüfen, vgl. Petersen/ Rajan, 1994, S. 5-18, Degryse/ Ongena, 2005, S. 245-262. Es konnte aber z.B. gezeigt werden, dass auch externe Ratingagenturen subjektive Soft Facts heranziehen, sobald sie verfügbar sind, vgl. Butler/ Rodgers, 2003, S. 6-15.

Erfahrungen im jeweiligen Kreditsegment und die individuellen Aspekte der Unternehmen berücksichtigen, die außerhalb der statistisch quantitativen Analyse liegen.[165] Als Beispiel für eine überlegene Marktkenntnis ist das Know How über bestimmte Interdependenzen in den Geschäftsbeziehungen einzelner Unternehmen einer Region oder Branche zu nennen.[166] Derartige, im jeweiligen Kreditinstitut entwickelte Fähigkeiten und Kenntnisse ermöglichen es z.B. frühzeitig, Ansteckungsrisiken, die sich durch den Konkurs einzelner Unternehmen ergeben, zu antizipieren und in der Kreditvergabepolitik zu berücksichtigen.[167] Geeignete subjektive Einschätzungen und eine vertrauensvolle langfristige Zusammenarbeit implizieren aus Sicht der Bank somit ebenfalls entsprechende Vorteile in der Auswahl und Betreuung der Kreditnehmer.[168]

Falls die Kreditbetreuer nicht über überlegene Kenntnisse verfügen oder Anreizkonflikte ein adäquates Anstrengungsniveau der Bankmitarbeiter verhindern, können sich dagegen Verzerrungen[169] und Fehleinschätzungen ergeben.[170] Bankintern ist somit neben einer geeigneten Mitarbeiterauswahl ein Steuerungssystem zu installieren, das Anreizkonflikte zwischen Bankmanagement und Kreditmitarbeitern löst.[171] Letztlich hängt der jeweilige Erfolg sowohl von den institutionellen Rahmenbedingungen, insbesondere der Ratingtechnologie und der Marktkenntnis, als auch einer geeigneten Steuerung der Mitarbeiter ab.[172]

Durch die organisatorische Implementierung einer unabhängigen Kontrollinstanz können potentielle Anreizprobleme abgemildert werden. Im Rahmen von Basel II wird deshalb gefordert, in der Ratingerstellung und Überprüfung eine Stelle einzubeziehen, die nicht direkt von der Kreditvergabe profitiert.[173] Für Kreditinstitute in Deutschland sieht die Bundesanstalt für Finanzdienstleistungsaufsicht vor, dass geschäftsinitiierende (Kreditbetreuer) und vom

---

[165] Vgl. Kaiser/ Szczesny, 2003, S. 791, Treacy/ Carey, 2000, S. 177 und Krahnen/ Weber, 2001, S. 17.
[166] Als weitere subjektive Vorteile können z.B. Einschätzungen des nicht direkt messbaren psychologischen und unternehmenskulturellen Bereiches genannt werden, vgl. Koch, 2003, S. 273.
[167] Mit dieser Argumentation ist auch die Frage des jeweiligen Spezialisierungsgrades eng verbunden. Pfingsten/ Rudolph, 2004, S. 12-20 geben Hinweise auf eine abnehmende Spezialisierung deutscher Bankengruppen in der Kreditvergabe in der Zeit von 1970-2001.
[168] Vgl. Sharpe, 1990, S. 1071-1084, Greenbaum/ Kanatas/ Venezia, 1989, S. 223-232 und Fischer, 1990, S. 68-85 bzw. für empirische Untersuchungen Machauer/ Weber, 1998, S. 1362-1380 und Bofondi/ Gobbi, 2004, S. 13-30.
[169] Verzerrungen können sich z.B. auch ergeben, wenn einzelne Faktoren der Analyse suboptimal gewichtet werden, vgl. Saunders/ Allen, 2002, S. 10-11.
[170] Aufgabe der Kreditbetreuer ist die Auswahl und Betreuung von Kreditengagements, welche den Ansprüchen der Bank hinsichtlich Qualität, Risiko und Profitabilität entsprechen, vgl. Glantz, 2003, S. 366-367.
[171] Vgl. Krahnen/ Weber, 2001, S. 16-17.
[172] Kinder/ Steiner/ Willinsky, 2001, S. 287-289 analysieren das Problem von Zielinkompatibilität zwischen Gesamtbank und dezentralen Einheiten.
[173] Vgl. Basel Committee on Banking Supervision, 2004, S. 87, § 424-425.

„Markt" unabhängige Bereiche (Marktfolge) gemeinsam die Kreditentscheidung treffen müssen.[174] Die Marktfolge verfügt gemäß dieser Konzeption über ein Vetorecht, mit Hilfe dessen die Kreditausreichung an unerwünschte Kreditnehmer unterbunden werden kann.

Da die zentral organisierte Marktfolge jedoch aufgrund der fehlenden Marktnähe die Qualität der subjektiven Kreditbetreuereinschätzungen nur bedingt beurteilen kann, muss sie sich in ihren Entscheidungen im Wesentlichen auf nachprüfbare quantitative Informationen beschränken. Innerhalb dieser eingeschränkten Möglichkeiten kann ihre Aufgabe darin gesehen werden, suboptimale Kreditengagements anhand objektiv verifizierbarer Daten herauszufiltern, während die Kreditbetreuer aufgrund des direkten Marktzugangs für den darüber hinausgehenden Erfolg der Kreditvergabe verantwortlich sind.

Die Nähe zum Markt ermöglicht es den Kreditbetreuern, vergleichsweise gute Kenntnisse über die lokalen Risikozusammenhänge und Interdependenzen zu entwickeln. Ein geeignetes Anstrengungsniveau vorausgesetzt, können die resultierenden nicht quantifizierbaren Informationsvorteile die Ausgangsbasis für eine überlegene Selektions- und Betreuungsleistung sein. Da aufgrund der begrenzten Überprüfbarkeit dieser subjektiven Einschätzungen jedoch Verhaltensunsicherheiten bestehen, gilt es, die Kreditbetreuer durch geeignete Leistungsanreize dazu zu motivieren, potentielle Informationsvorteile auszubauen und im Sinne der Bank einzusetzen. Eine Möglichkeit der Kreditbetreuersteuerung stellt die Implementierung eines anreizkompatiblen Entlohnungssystems dar. Abbildung 3.1 zeigt das relevante Beziehungsgefüge der Akteure.

In der Literatur wurde bisher den bankinternen Anreiz- und Organisationsproblemen in der Kreditvergabe wenig Aufmerksamkeit gewidmet. Einige Ansätze analysieren die Ratingkonzeption vor dem Hintergrund des Anreizkonfliktes zwischen Bankmanagement und Aufsicht.[175] Eine der wenigen Arbeiten, welche die interne Beziehung zwischen Bankmanagement und Kreditbetreuer fokussiert, ist Udell (1989).[176] Als wesentliches Ergebnis der empirisch ausgerichteten Analyse hält der Autor fest, dass aufgrund zahlreicher Anreizprobleme das Ziel eines Kreditüberwachungssystems eher im Monitoring der Kreditbetreuer als der Engagements zu sehen ist.

---

[174] Vgl. Bundesanstalt für Finanzdienstleistungsaufsicht, 2002, S. 8-9.
[175] Vgl. z.B. Kirstein, 2002, S. 395-405, Ewerhart, 2002, S. 2-23.
[176] Vgl. Udell, 1989, S. 369-381.

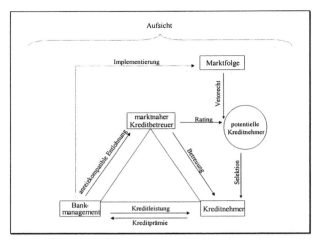

Abb. 3.1: Beziehungsgefüge in der Kreditvergabe

Feess/ Schieble (1999) setzen sich modelltheoretisch mit der Beziehung zwischen Bankmanagement und Kreditbetreuer auseinander.[177] Die Autoren unterstellen eine Modellkonzeption, in der die Wahrscheinlichkeit, schlechte Kreditengagements zu identifizieren, von der unbeobachtbaren Leistung des Kreditbetreuers abhängt und das Bankmanagement neben dem Kreditbetreuerurteil ein zusätzliches Signal der Kreditnehmerqualität aus einem Scoringsystem erhält. Die Autoren zeigen, dass es im Modellrahmen unter bestimmten Bedingungen sinnvoll sein kann, dem Kreditbetreuer die Scoringergebnisse für die Kreditvergabeentscheidung vorzuenthalten, um seine Selektionsleistung überwachen zu können.

3.3 Ratingverfahren und Mitarbeitermotivation im Kreditbereich: Ein empirischer Einblick

Im Folgenden sollen anhand einer eigenen Untersuchung zentrale Aspekte der Ausgestaltung bankinterner Ratingverfahren und der Mitarbeitersteuerung empirisch aufgezeigt werden. Die der Studie zugrundeliegenden Daten basieren auf einer im Herbst 2004 durchgeführten Befragung von 500 kleinen und mittelgroßen deutschen Kreditinstituten. Mit $N = 64$ beträgt die Rücklaufquote der an die jeweilige Geschäftsleitung adressierten Fragebögen 13%.[178]

---

[177] Vgl. Feess/ Schieble, 1999, S. 4-16.
[178] Im Anhang 3.1 findet sich eine Zusammenstellung der für diese Arbeit relevanten Fragen.

In der Ratingerstellung beziehen sich die Kreditbetreuereinschätzungen im Wesentlichen auf die Beurteilung der subjektiven Faktoren eines Unternehmens, wie z.b. Managementqualität, Produkt und Sortiment, Wettbewerbssituation, Human Resources oder Unternehmensorganisation. Aus diesem Grund kann ein guter Anhaltspunkt für die Bedeutung der Kreditbetreuereinschätzungen aus dem jeweiligen Gewicht subjektiver (qualitativer) bzw. objektiver (quantitativer) Faktoren an der Ratingkonzeption gewonnen werden. In Abbildung 3.2 ist in einem Boxplot das Gesamtgewicht der subjektiven Faktoren in den unterschiedlichen Ratingsystemen der teilnehmenden Kreditinstitute graphisch aufbereitet.[179]

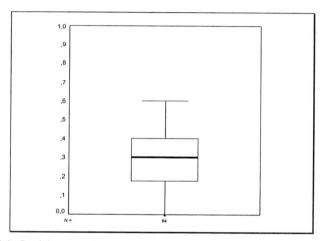

Abb. 3.2: Gewichtung subjektiver Mitarbeitereinschätzungen in der Ratingerstellung

Das Gewicht subjektiver Faktoren in den Ratingkonzeptionen bewegt sich zwischen 0% und 60%, bei einem Mittelwert von 27,8% und einer Standardabweichung von 0,15. Wie der Boxplot verdeutlicht, gehen die befragten Kreditinstitute im indizierten Bereich (25% bis 75% Quantil) von einer Gewichtung der subjektiven Mitarbeitereinschätzungen von knapp 18% bis 40% aus.

Die Ergebnisse zeigen, dass den Kreditbetreuereinschätzungen im Ratingprozess der meisten Kreditinstitute eine signifikante Bedeutung zugemessen wird. Daneben bestätigen die Ergebnisse bisherige Untersuchungen, die in den verschiedenen Ratingsystemen einen schwanken-

---

[179] Das Gesamtgewicht subjektiver Faktoren in einem Ratingsystem ergibt sich in diesem Kontext als gewichtete Summe der subjektiven Einzelfaktoren.

den Einfluss subjektiver Faktoren identifizieren.[180] Den Kreditinstituten wird in diesem Aspekt von Seiten der Aufsicht freie Hand gelassen. Während zur Erfüllung der regulatorischen Anforderungen sowohl eine ordnungsgemäße organisatorische Ausgestaltung als auch eine historisch und empirisch fundierte Ratingkonzeption unabdingbar sind, werden den Kreditinstituten keine Vorschriften hinsichtlich der Gewichtung subjektiver und objektiver Faktoren gemacht.[181] Der schwankende Anteil subjektiver Einschätzungen in den Ratingsystemen lässt somit vermuten, dass die jeweilige Ausgestaltung durch bankindividuelle Faktoren, wie z.b. Marktkenntnis, Kundennähe oder Ratingtechnologie und die spezifisch notwendigen Aufwendungen, bedingt ist.

Als weiterer Schritt wurde das Bankmanagement befragt, inwieweit die Berücksichtigung subjektiver Mitarbeitereinschätzungen die Qualität der Ratingurteile aufgrund der zusätzlichen Expertise verbessert oder durch die Gefahr von Verzerrungen tendenziell verschlechtert. Als Ergebnis kann festgehalten werden, dass der Großteil (64,1%) einen positiven Qualitätsbeitrag der Mitarbeitereinschätzungen auf die Prognosequalität unterstellt, während 18,7% von einer neutralen und 17,2% von einer negativen Wirkung ausgehen. Falls ausschließlich die Antworten berücksichtigt werden, die einen positiven oder negativen Einfluss erwarten, ergibt sich der binär (positiv =1, negativ =0) verteilte Parameter „Qualitätsbeitrag der Mitarbeitereinschätzung". Um den Zusammenhang zwischen dem unterstellten Qualitätsbeitrag und dem tatsächlichen Anteil subjektiver Einschätzungen am Ratingurteil zu untersuchen, wurde eine Korrelationsanalyse der beiden Parameter „Qualitätsbeitrag der Mitarbeitereinschätzung" und „Anteil der Mitarbeitereinschätzung am Ratingurteil" durchgeführt. Die Korrelationsanalyse zeigt auf einem Signifikanzniveau von 0,01 einen zweiseitig hochsignifikant positiven $(0,398^{***})$ Zusammenhang auf. Das Ergebnis weist darauf hin, dass in Kreditinstituten, in denen eine positive Auswirkung der Mitarbeitereinschätzungen erwartet wird, auch der Anteil subjektiver Faktoren vergleichsweise höher gewichtet ist und vice versa.[182]

---

[180] Vgl. Deutsche Bundesbank, 2003, S. 63, Lehmann, 2003, S. 10-23, Grunert/ Norden/ Weber, 2005, S. 513-527, Brunner/ Krahnen/ Weber, 2000, S. 16-22, Butler/ Rodgers, 2003, S. 6-15. Empirisch können auch für den Kleinkreditbereich unterschiedliche Gewichtungen der beiden Bereiche und korrespondierende Auswirkungen identifiziert werden, vgl. Berger/ Frame/ Miller, 2002, S. 19-29.
[181] Vgl. Bundesanstalt für Finanzdienstleistungsaufsicht, 2002, S. 5-15 bzw. Basel Committee on Banking Supervision, 2004, S. 87-92, § 426, §428, §449.
[182] Diese Aussage kann auch bestärkt werden, indem aus dem Datensatz zwei Gruppen, d.h. „positiver Einfluss" und „negativer Einfluss" gebildet werden. Der Mittelwert $\bar{x}$ des „Anteils der Mitarbeitereinschätzungen am Ratingurteil" ist in der Gruppe, die einen negativen Einfluss unterstellen mit $\bar{x}=0,17$ $(Median = 0,2)$ deutlich niedriger als bei „positiver Einfluss", bei der er sich auf $\bar{x}=0,34$ $(Median = 0,35)$ beläuft.

Die weitgehend hohe Bedeutung der subjektiven Kreditbetreuereinschätzungen in den Ratingprozessen wirft die Frage nach Maßnahmen zur Sicherung und Verbesserung der Ratingeinschätzungen auf. Einen Eindruck der Aktivitäten zur Verbesserung der Marktkenntnis und Ratingtechnologie liefern die von den Kreditinstituten geplanten Maßnahmen in diesen Bereichen. Dabei geben 25,4% der teilnehmenden Banken an, durch Mitarbeiterschulungen und vergleichbare Aktivitäten verstärkt in die lokale und branchenspezifische Marktkenntnis investieren zu wollen. Im Gegenzug planen 30,5% der Teilnehmer, die statistische Ratingtechnologie zu verbessern. Lediglich 8,5% der Kreditinstitute wollen in beiden Bereichen aktiv werden. Die Ergebnisse deuten darauf hin, dass in einem Großteil der Kreditinstitute Maßnahmen im Kreditbereich geplant sind, sich die Banken jedoch meist auf eine der beiden Stoßrichtungen konzentrieren, um entweder die Qualität der subjektiven Einschätzungen oder die Ratingtechnologie zu verbessern.

Neben Maßnahmen zur Verbesserung der Marktkenntnis oder Ratingtechnologie erscheint aus theoretischen Überlegungen heraus vor allem auch die Anreizsteuerung der Kreditbetreuer, z.B. durch eine variable Beteiligung an dem beeinflussbaren Selektions- und Betreuungserfolg, sinnvoll. Die Ergebnisse der Befragung zeigen in diesem Kontext für die betrachteten kleinen und mittelgroßen Kreditinstitute deutliches Handlungspotential auf. Lediglich 43,8% der teilnehmenden Kreditinstitute geben an, eine erfolgsabhängige Vergütungskomponente installiert zu haben, während 56,2% nicht über ein derartiges Instrument verfügen. Falls ein variabler Entlohnungsbestandteil vorliegt, fällt dieser meist relativ gering aus und beträgt im Mittel $\bar{x} = 0,08$ $(Median = 0,05)$ der gesamten Entlohnung. Überraschenderweise werden somit bisher in den betrachteten kleinen und mittelgroßen Kreditinstituten nur begrenzt erfolgsabhängige Lohnbestandteile eingesetzt, obwohl sie ein gängiges Instrument der Anreizsteuerung in den Großbanken sind.

Die variable Lohnkomponente muss sich jeweils auch auf geeignete Erfolgsfaktoren beziehen, um gewünschte Anreize zu setzen. Die Kreditinstitute mit variablem Vergütungsanteil wurden deshalb nach den relevanten Erfolgsfaktoren für diese Gehaltskomponente befragt. Abbildung 3.3 gibt einen Überblick über den Einsatz der unterschiedlichen Erfolgsfaktoren. Aufgrund der begrenzten Größe dieser Teilstichprobe sind die Ergebnisse primär indikativ zu sehen. Dennoch ist überraschend, dass in lediglich 46,2% der Fälle die variable Entlohnung vom Ergebnis der verantworteten Kredite abhängig gemacht wird, obwohl dadurch eine direkte Verantwortlichkeit des Kreditbetreuers für den Erfolg der Kreditvergabe gegeben wäre. Vielmehr beeinflussen neben oder statt diesem Erfolgsfaktor teilweise ungeeignete oder suboptimale Stellgrößen die variable Vergütungskomponente. In 61,5% der Fälle wird das Anreizsystem z.b. auf volumensbasierten Vorgaben aufgebaut, wodurch den Kreditbetreuern potentiell unerwünschte Anreize gesetzt werden, die Ratingurteile suboptimaler Kreditantragsteller zu positiv darzustellen, um die Kreditausreichung zu ermöglichen und das insgesamt ausgereichte Kreditvolumen zu erhöhen.

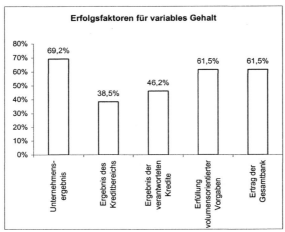

Abb. 3.3: Erfolgsfaktoren der variablen Entlohnungskomponente

Die skizzierten empirischen Ergebnisse deuten darauf hin, dass sich die betrachteten kleinen und mittelgroßen Kreditinstitute nur begrenzt der Relevanz einer geeigneten anreizkompatiblen Entlohnung der Kreditbetreuer bewusst sind, was u.a. auch auf die skizzierte geringe Bedeutung dieser Thematik in der wissenschaftlichen sowie praxisnahen Literatur zurückgeführt werden kann. Das nächste Kapitel versucht diese Lücke ein Stück zu schließen, indem folgende auch praxisrelevante Forschungsfragen modelltheoretisch untersucht werden:

1. Welche Nachteile verursacht potentiell die mangelnde Beobachtbarkeit der Kreditbetreuer und welche Auswirkungen hat in diesem Kontext eine anreizeffiziente Mitarbeitersteuerung?

2. Wie kann das Risiko der Kreditvergabe hinsichtlich Anreizwirkung und Tragfähigkeit bestmöglich zwischen Bankmanagement und Kreditbetreuer aufgeteilt werden? Ist aus

Sicht des Bankmanagements eine gezielte Mitarbeiterselektion, insbesondere in Bezug auf die Risikoeinstellung, sinnvoll?

3. Inwieweit haben die risikolimitierenden Aktivitäten der Marktfolge Einfluss auf die Anstrengung der Kreditbetreuer und den Erfolg der Kreditvergabe?

4. Welche Bedeutung haben „Ratingtechnologie" und „Marktkenntnis" und welche Interdependenzen bestehen zwischen diesen Einflussgrößen?

3.4 Agency-theoretische Modellanalyse der Kreditbetreuersteuerung

3.4.1 Grundlagen der Modellierung

Im folgenden Modellrahmen gilt es, die Agency-Beziehung zwischen Bankmanagement und Kreditbetreuer zu analysieren, wobei wesentliche Rahmenfaktoren, wie z.B. die Aktivitäten der Marktfolge und die Interdependenzen mit den beiden beschriebenen Stoßrichtungen, Marktkenntnis und Ratingtechnologie, zu berücksichtigen sind. Ziel ist eine agency-theoretische Modellanalyse der Kreditbetreuersteuerung, die zum Teil bewusst von in der Praxis anzutreffenden komplexen Anreizsystemen abstrahiert, um einen Einblick in die grundsätzliche Funktionsweise bestimmter Mechanismen zu geben.[183]

Das Bankmanagement nimmt die Rolle des Prinzipals ein, während der jeweilige Kreditbetreuer Auftragnehmer der Delegationsbeziehung ist. Es erscheint sinnvoll, nicht nur den Kreditbetreuer sondern auch das Bankmanagement risikoavers zu modellieren,[184] da das Management grundsätzlich nicht breit diversifiziert ist, sondern zu einem großen Teil vom Unternehmensergebnis abhängt.[185] Empirische Ergebnisse unterstützen die Annahme risikoaversen Managerverhaltens.[186] Darüber hinaus sprechen zahlreiche Aspekte für die Vorteilhaftigkeit risikoaversen Handelns und Risikomanagements, wenn die Nichtlinearität von Unternehmenssteuern[187], das Vorhandensein von Kapitalmarktunvollkommenheiten[188] und Konkurskosten berücksichtigt werden.[189]

---

[183] Eine Agency-Beziehung liegt immer dann vor, wenn Auftraggeber (Prinzipal) und Auftragnehmer (Agent) unterschiedliche individuelle Ziele verfolgen, d.h. über potentiell divergierende Präferenzen verfügen und Informationsasymmetrien über entscheidungsrelevante Parameter bestehen, vgl. Mirrlees, 1976, S. 107-108, Spremann, 1987, S. 3-8.

[184] Vgl. Bauer/ Ryser, 2004, S. 333-335, Froot/ Stein, 1998, S. 56-62.

[185] Vgl. Campbell/ Kracaw, 1987, S. 316.

[186] Vgl. MacCrimmon/ Wehrung, 1986, S. 103-125.

[187] Vgl. Allen/ Santomero, 1998, S. 1474-1478 für einen Überblick und eine kritische Würdigung der Theorien.

[188] Vgl. Froot/ Scharfstein/ Stein, 1993, S. 1633-1648.

[189] Vgl. Warner, 1977, S. 338-345, Greenwald/ Stiglitz, 1990, S. 161-162.

Die Modellanalyse basiert auf dem Hidden-Action-Problem, dass es dem Bankmanagement als Prinzipal nicht möglich ist, den Arbeitsinput des Agenten, d.h. des Kreditbetreuers, zu beurteilen und es somit keinen Sinn macht, einen Arbeitsvertrag auf seine unbeobachtbare Anstrengung zu konditionieren.[190] Die Installation einer Marktfolgeabteilung, die eine zusätzliche Kontrolle und Überwachung der Kreditengagements vornimmt, ermöglicht es, das Risiko in einem bestimmten Rahmen zu beeinflussen, indem z.B. unerwünschte Kreditantragsteller abgelehnt werden. Der wesentliche Erfolg der Kreditnehmerselektion und Betreuung hängt jedoch von der Anstrengung des Kreditbetreuers ab.

Da der direkte Arbeitsinput des Kreditbetreuers nicht beobachtbar, aber das Leistungsergebnis, d.h. der Erfolg der Kreditvergabe, verifizierbar und kontrahierbar ist, stellt der Einsatz eines ergebnisabhängigen Entlohnungssystems eine geeignete Ausgestaltungsform dar.[191] Das Leistungsergebnis wird jedoch immer auch von zahlreichen Faktoren außerhalb des Einflussbereiches des Kreditbetreuers abhängen, so dass der isolierte Effekt der Arbeitsleistung nicht eingefangen werden kann und der Kreditbetreuer partiell das Erfolgsrisiko übernimmt.[192] Da sowohl Prinzipal als auch Agent risikoavers sind, steht das Risikoteilungsproblem besonders im Fokus.[193] Es kann aus Gründen der Risikoallokation nicht als optimal angesehen werden, dass das Bankmanagement einen Großteil des Risikos trägt und der Kreditbetreuer nur den Teil, der zur Anreizsetzung erforderlich ist.[194] Vielmehr gilt es, im Anreizschema auch ein optimales Verhältnis der Risikoaufteilung zu identifizieren.[195]

Es bietet sich an, die variable Entlohnung des Kreditbetreuers an den Ertrag der Kreditvergabe zu koppeln, da dieser eindeutig verifizierbar ist und anreizeffizient ausgestaltet werden kann.[196] Um keine Fehlanreize in der kurzen Frist zu geben, hat sich das Anreizschema an der mittelfristigen Ausrichtung des Kreditgeschäfts zu orientieren.[197] Indem auf den über einen mittel- bis längerfristigen Zeitraum realisierten Ertrag zurückgegriffen wird, können die Auswirkungen sämtlicher relevanter Aktivitäten berücksichtigt werden. Diese Ertragsgröße ist grundsätzlich in der Bank verfügbar und kann ohne nennenswerten Kostenaufwand in die An-

---

[190] Vgl. Arrow, 1971, S. 221-222.
[191] Vgl. Kräkel, 1999, S. 111.
[192] Vgl. Nalebuff/ Stiglitz, 1983, S. 22
[193] Diesem Vorgehen liegt die gedankliche Trennung zwischen Anstrengungsniveau und Risikoübernahme zugrunde, vgl. Grossman/ Hart, 1983, S. 8.
[194] Vgl. Shavell, 1979, S. 57-64.
[195] Vgl. Shavell, 1979, S. 59-60.
[196] Die intersubjektive Verifizierbarkeit wird in der Literatur als eine wesentliche Anforderung an ein Anreizsystem gesehen, vgl. Mayer/ Pfeiffer/ Reichel, 2005, S. 13-14.
[197] Vgl. Treacy/ Carey, 2000, S. 178-179.

reizsteuerung integriert werden. Da Kreditbetreuer grundsätzlich für eine spezielle Branche, Region oder Kombination aus beidem verantwortlich sind, sollte sich auch die herangezogene Ertragsgröße auf das bearbeitete Segment beziehen, so dass Diversifikationseffekte auf Ebene des gesamten Bankportfolios unberücksichtigt bleiben.[198] Die Ratingtechnologie und Marktkenntnis sind schließlich so zu modellieren, dass durch eine verbesserte Ausprägung das Risiko der Kreditvergabe verringert werden kann. Zusätzlich gilt es zu beachten, dass der Nutzen der Marktnähe eng mit der Anstrengung des Kreditbetreuers zusammenhängt.

Im folgenden Abschnitt wird ein von Danielsson/ Jorgensen/ De Vries (2002)[199] verwendeter Prinzipal-Agent-Ansatz modifiziert und erweitert, um die skizzierten Aspekte zu berücksichtigen. Der Modellaufbau ähnelt dem weitverbreiteten LEN-Modell zur Analyse von Hidden Action,[200] wobei zwei wesentliche Modifikationen vorgenommen werden. Einerseits werden beide Akteure, d.h. auch das Bankmanagement als Prinzipal, risikoavers modelliert. Andererseits basiert die Entlohnungskonzeption auf der Annahme stochastischer Dominanz zweiter Ordnung,[201] d.h. dem Kreditbetreuer werden Anreize gesetzt, das Risiko der Kreditvergabe zu verringern, um die Streuung der variablen Gehaltskomponente einzuschränken. Das Ertragsrisiko hängt endogen von der Anstrengung des Kreditbetreuers, der Marktkenntnis und Ratingtechnologie sowie den Aktivitäten der Marktfolge ab. Die gewählte Konzeption erfüllt die Anforderungen der Rothschild/ Stiglitz-Dominanz[202] und gestattet aus dieser Sicht eine adäquate Operationalisierung des Risikoanreizproblems.[203] Durch die Fokussierung auf das Risiko wird der zunehmenden Relevanz risikolimitierender Aktivitäten in der Kreditvergabe Rechnung getragen.[204]

3.4.2 Modelldarstellung

Es wird davon ausgegangen, dass die Kreditvergabe mit bestimmten zunächst unbekannten Risiken verbunden ist. Durch die Kreditnehmerbeurteilung und laufende Betreuung können

---

[198] Vgl. Kinder/ Steiner/ Willinsky, 2001, S. 287, Smithson, 1997, S. 41.
[199] Vgl. Danielsson/ Jorgensen/ De Vries, 2002, S. 1410-1422.
[200] Vgl. Spremann, 1987, S. 17-22.
[201] Vgl. dazu Hughes, 1982, S. 348-350, Demski/ Dye, 1999, S. 31-35, Sung, 1995, S. 722-729.
[202] Da der Erwartungswert konstant gehalten wird und eine Normalverteilungsannahme vorliegt, ist eine höhere Varianz äquivalent zu höherem Risiko im Sinne von Rothschild/ Stiglitz, 1970, S. 225-242.
[203] Im Sinne einer adäquaten Modellierung des Risikoanreizproblems ist nicht zuletzt die gewählte erwartungswertneutrale Operationalisierung zwingend, um nicht z.B. Risikoeffekte mit anderen Effekten zu vermengen, vgl. Kürsten, 1994, S. 30-34, Kürsten, 1997, S. 824-831.
[204] Die Relevanz eines adäquat ausgestalteten, risikolimitierenden Ratingprozesses wird u.a. auch durch die aktuellen aufsichtlichen Entwicklungen im Rahmen von Basel II verdeutlicht, vgl. z.B. Hofmann/ Pluto, 2005, S. 246-262.

jedoch Informationsasymmetrien zwischen der Bank und den Kreditnehmern verringert und bestehende Unsicherheiten abgebaut werden. Vereinfachend wird davon ausgegangen, dass aus dem Kreditgeschäft im Segment des jeweiligen Kreditbetreuers ein Ertrag X resultiert, der einen Erwartungswert von μ und ein Risiko ausgedrückt als Varianz σ^2 aufweist: $X \sim N(\mu, \sigma^2)$. Während der Erwartungswert des Ertrages annahmegemäß durch die institutionellen Rahmenbedingungen und die Wettbewerbsstruktur exogen bedingt ist, kann durch geeignete Maßnahmen das Risiko der Kreditvergabe verringert werden. Die Marktfolge kann das Risiko nur als nachgelagerte Instanz beeinflussen, so dass es vor allem die Aufgabe des marktnahen Kreditbetreuers ist, in der Kreditnehmerselektion und -betreuung eine Risikoreduktion und somit Verstetigung des Ertrages zu erreichen.[205] In der Natur des Kreditgeschäfts liegt es jedoch, dass nicht das komplette Risiko eliminiert werden kann, sondern jeweils ein bestimmtes Restrisiko bestehen bleibt.

Wie weit durch sorgfältige Ratingbeurteilungen die Unsicherheit und das Ertragsrisiko verringert werden können, hängt von verschiedenen Faktoren ab. Von primärer Bedeutung ist die Anstrengung z des Kreditbetreuers, dem dadurch Arbeitsleid in Höhe von $k(z)$ entsteht. Zusätzlich wird die erzielbare Selektions- und Monitoringleistung und damit die erreichbare Risikoreduktion von der im jeweiligen Kreditinstitut vorliegenden Ratingtechnologie τ und Marktkenntnis t beeinflusst. Der Parameter τ repräsentiert im Modellrahmen die Trennschärfe und Prognosequalität der in der Bank eingesetzten statistischen Scoring- und Ratingsysteme. Eine höhere Ausprägung von τ steht für eine bessere Messgenauigkeit, konsistentere Klassifizierung, etc. Die Marktkenntnis t spiegelt dagegen die im jeweiligen Kreditinstitut vorliegende Qualität der subjektiven Einschätzungen wider, die aus Kundennähe und lokaler Markterfahrung resultieren und außerhalb der statistisch quantitativen Analyse liegen. Eine steigende Ausprägung von t indiziert in diesem Sinne eine verbesserte Marktkenntnis und vice versa.

Die Ertragsunsicherheit verringert sich sowohl mit steigendem t als auch τ, wobei t multiplikativ mit z verknüpft ist. Die Risikoreduktion ergibt sich somit aus dem Zusammenspiel von geeigneter Kundennähe bzw. institutioneller Marktkenntnis der Bank und dem Anstrengungsniveau des Kreditbetreuers. Falls eine der beiden Variablen gegen Null geht, ist keine

---

[205] Durch das zugrundeliegende Konzept stochastischer Dominanz zweiter Ordnung kann das Risikoanreizproblem adäquat modelliert und der risikoreduzierende Einfluss einer geeigneten Kreditnehmerauswahl und – betreuung direkt fokussiert werden. In der Realität ist auch der hier bewusst ausgeblendete Fall denkbar, dass der Kreditbetreuer versucht, bei konstantem Risiko den Ertrag zu erhöhen.

Risikoreduzierung möglich, da beide Parameter nur gemeinsam wirken. Das Risiko der Kreditvergabe wird als Ertragsvarianz modelliert, die wie in Sung (1995), Demski/ Dye (1999) und Danielsson/ Jorgensen/ De Vries (2002) endogen beeinflussbar ist

(3.1) $$\sigma^2 = \frac{\kappa}{\tau + tz}.$$

Für die aufgeführten Variablen soll gelten: $z, \kappa \in R^+$ und $\tau, t \geq 1$. Der Risikoparameter κ im Zähler wird zunächst als konstant vorgegeben.[206] Die Aufgabe des Kreditbetreuers besteht nun darin, das Ertragsrisiko durch geeignete Selektions- und Betreuungsleistung unter Rückgriff auf die jeweilige Marktkenntnis und Ratingtechnologie zu verringern. Eine Erhöhung der drei Parameter im Nenner, d.h. z, t und τ, reduziert die Varianz des Ertrages, wobei zu berücksichtigen ist, dass t und z multiplikativ verknüpft sind und sich somit gegenseitig beeinflussen. Die Verteilung des Ertrages ergibt sich als

(3.2) $$X \sim N\left(\mu, \sigma^2(z, \tau, t)\right).$$

Die zeitliche Abfolge im betrachteten Modellrahmen stellt sich folgendermaßen dar.

Abb. 3.4: Zeitliche Abfolge des Modells

Zunächst bietet das Bankmanagement (B) einen Anstellungsvertrag zu Bedingungen an, die den eigenen Nutzen maximieren. Dieser Entlohnungsvertrag $s(X)$ des Kreditbetreuers besteht aus einer linearen Vergütung mit fixer und variabler Komponente

(3.3) $$s(X) = s_0 + s_1 X.[207]$$

Die Verhandlungsmacht liegt ausschließlich beim Bankmanagement, das folgenden Residualanspruch erhält[208]

---

[206] Im Rahmen der komparativen Statik wird später unterstellt, dass die Marktfolge κ beeinflussen kann.

[207] Die lineare Vergütung in (3.3) stellt ein einfaches Entlohnungsschema dar, in dem theoretisch auch ein negativer Lohn, d.h. eine Transferzahlung des Kreditbetreuers, auftreten kann. U.a. um diesen Fall auszuschließen wird realiter häufig ein nicht-lineares Schema implementiert, z.B. $s(X) = s_0 + s_1 \max\{0, X\}$.

[208] Der Zusammenhang zwischen Eigentümern und Managern wird ausgeblendet und von Eigentümermanagern ausgegangen.

(3.4) $X - s(X) = (1 - s_1)X - s_0$.

Aufgabe des Kreditbetreuers (K) ist die Selektion, das Monitoring und die Betreuung der Kreditnehmer. Bei Annahme des Vertrages wählt K das unbeobachtbare Anstrengungsniveau seiner Arbeitsleistung z, durch das mittels (3.1) die Varianz des Ertrages verringert werden kann. Da mit der jeweiligen Anstrengung auch Arbeitsleid $k(z)$ verbunden ist, hat der Kreditbetreuer in seiner Entscheidung neben den positiven Auswirkungen auf seine variable Entlohnung auch die Kosten des jeweiligen Anstrengungsniveaus zu berücksichtigen

(3.5) $s(X(z)) - k(z) = s_0 + s_1 X(z) - k(z)$.

Aus der Kreditvergabeaktivität resultiert schließlich ein Ertrag, den das Bankmanagement feststellt und im Anschluss den Kreditbetreuer wie vereinbart gemäß Fixum und Beteiligungsparameter entlohnt.

Kreditbetreuer und Bankmanagement sind risikoavers und verfügen über negative exponentielle Nutzenfunktionen mit konstanter absoluter Risikoaversion.[209] Da die Kosten der Anstrengung von K annahmegemäß linear mit dem Arbeitseinsatz steigen,[210] d.h. $k = cz$, ergibt sich der Erwartungsnutzen des Kreditbetreuers $E(U_K)$ unter Rückgriff auf (3.3) als

(3.6) $E(U_K) = -e^{-\alpha\left(s_0 + s_1\mu - cz - \frac{\alpha}{2}s_1^2\sigma^2\right)}$,

wobei α den Risikoaversionskoeffizienten des Kreditbetreuers bezeichnet. Da die Ertragsgröße normalverteilt ist, können die zugrundeliegenden Präferenzen unter Berücksichtigung von (3.1) auch durch folgendes Sicherheitsäquivalent abgebildet werden[211]

(3.7) $S\ddot{A}_K = s_0 + s_1\mu - cz - \frac{\alpha}{2}s_1^2 \frac{\kappa}{\tau + tz}$.

Der Erwartungsnutzen des Bankmanagements wird durch die Wahl der Vergütungsparameter s_0 und s_1 beeinflusst. Unter Rückgriff auf (3.4) ergibt sich für den erwarteten Ertrag des Bankmanagements

---

[209] Die durch den konkaven und monoton steigenden Verlauf der negativen exponentiellen Risikonutzenfunktion implizierte Risikoaversion der Akteure ist somit unabhängig vom jeweiligen Vermögen.

[210] Die Annahme, dass jede Einheit Arbeitseinsatz dem Kreditbetreuer vergleichbares Arbeitsleid verursacht, stellt eine weitere Unterscheidung zum klassischen LEN-Modell dar, in dem eine quadratische Funktion unterstellt wird. Die Implikationen des Parameters c werden im Rahmen der komparativen Statik in Abschnitt 3.4.3 berücksichtigt. Holmström/ Milgrom, 1987, S. 307-325 zeigen, dass die Implementierung linearer Funktionen analytisch handhabbare und robuste Ergebnisse liefert.

[211] Für eine detaillierte Darstellung der Überführung von Nutzenerwartungswerten in Sicherheitsäquivalente siehe Anhang 3.2.

$$(3.8) \qquad E[Ertrag\ (B)] = \mu - s_0 - s_1\mu = (1 - s_1)\mu - s_0$$

und für den Erwartungsnutzen

$$(3.9) \qquad E(U_B) = -e^{-\beta\left((1-s_1)\mu - s_0 - \frac{\beta}{2}(1-s_1)^2\sigma^2\right)},$$

wobei β die Risikoaversion des Bankmanagements beschreibt. Dieser Term lässt sich wiederum in ein Sicherheitsäquivalent umformen

$$(3.10) \qquad S\ddot{A}_B = (1 - s_1)\mu - s_0 - \frac{\beta}{2}(1 - s_1)^2\frac{\kappa}{\tau + tz}.$$

First-best-Lösung

Die First-best-Lösung der Steuerung ergäbe sich, wenn durch Monitoring des Kreditbetreuers der Arbeitseinsatz beobachtbar wäre.[212] In diesem Fall gilt es, ausschließlich das Problem optimaler Risikoteilung zu lösen.[213] Der Kreditbetreuer kann vollständig überwacht werden, so dass sein Anstrengungsniveau jederzeit beobachtbar und kontrahierbar ist und somit keine Gefahr von Hidden Action oder Shirking besteht. Um die Lohnkosten so niedrig wie möglich zu halten, wählt das Bankmanagement die Parameter des Entlohnungskontraktes so, dass die Partizipationsbedingung gerade erfüllt ist. Aufgrund von (3.7) folgt für die Wahl von s_0

$$(3.11) \qquad s_0 = -s_1\mu + cz + \frac{\alpha}{2}s_1^2\frac{\kappa}{\tau + tz}.$$

Einsetzen dieser Gleichung in das Sicherheitsäquivalent des Bankmanagements ergibt

$$(3.12) \qquad S\ddot{A}_B = \mu - cz - \frac{\alpha}{2}s_1^2\frac{\kappa}{\tau + tz} - \frac{\beta}{2}(1 - s_1)^2\frac{\kappa}{\tau + tz}.$$

Aufgrund der Risikoaversion beider Akteure ist es für das Bankmanagement im Unterschied zum klassischen LEN Modell nicht sinnvoll, den Kreditbetreuer ausschließlich über ein Fixum zu entlohnen und das gesamte Risiko selbst zu übernehmen. Vielmehr gilt es, die optimale Ausprägung sowohl des beobachtbaren und kontrahierbaren Arbeitseinsatzes z als auch des risikoteilenden variablen Lohnbestandteils s_1 des Kreditbetreuers zu identifizieren. Die partielle Ableitung des Sicherheitsäquivalents des Bankmanagements nach s_1 liefert

$$(3.13) \qquad \frac{\delta S\ddot{A}_B}{\delta s_1} = \frac{\kappa(\beta - s_1(\alpha + \beta))}{\tau + tz}.$$

---

[212] Vgl. Harris/ Raviv, 1979, S. 248-251.
[213] Vgl. Wilson, 1968, S. 123-131.

Nullsetzen von (3.13) ergibt dann den variablen Entlohnungsanteil in der First-best-Lösung

$$(3.14) \qquad \frac{\kappa\big(\beta - s_1(\alpha + \beta)\big)}{\tau + tz} = 0 \Rightarrow s_1^{**} = \frac{\beta}{\alpha + \beta}.$$

Die Ableitung von $S\ddot{A}_B$ nach z führt zu

$$(3.15) \qquad \frac{\delta S\ddot{A}_B}{\delta z} = \frac{t\kappa\big(\alpha s_1^2 + \beta(1-s)^2\big)}{2(tz + \tau)^2} - c.$$

Einsetzen des vom Arbeitseinsatz z unabhängigen Entlohnungsanteils s_1^{**} in (3.15) und Nullsetzen liefert das First-best-Anstrengungsniveau z^{**}

$$(3.16) \qquad \frac{t\kappa\left(\alpha\left(\dfrac{\beta}{\alpha + \beta}\right)^2 + \beta\left(1 - \left(\dfrac{\beta}{\alpha + \beta}\right)\right)^2\right)}{2(tz + \tau)^2} - c = 0$$

$$\Rightarrow z^{**} = \sqrt{\frac{\alpha\beta\kappa}{2ct(\alpha + \beta)}} - \frac{\tau}{t}.$$

Für das First-best-Risikoniveau der Kreditvergabe folgt durch Einsetzen von (3.16) die Gleichung

$$(3.17) \qquad \sigma^{2**} = \frac{\kappa}{\tau - \tau + \sqrt{\dfrac{t\alpha\beta\kappa}{2c(\alpha + \beta)}}} = \sqrt{\frac{2c\kappa(\alpha + \beta)}{t\alpha\beta}}.$$

Berücksichtigung von (3.14), (3.16) und (3.17) liefert schließlich das Sicherheitsäquivalent des Bankmanagements im First-best-Fall

$$(3.18) \qquad S\ddot{A}_B^{**} = \mu - c\left(\sqrt{\frac{\alpha\beta\kappa}{2ct(\alpha + \beta)}} - \frac{\tau}{t}\right) - \frac{\alpha\beta}{2(\alpha + \beta)}\sqrt{\frac{2c\kappa(\alpha + \beta)}{t\alpha\beta}}$$

$$= \mu + c\frac{\tau}{t} - \sqrt{\frac{2c\alpha\beta\kappa}{t(\alpha + \beta)}}.$$

Second-best-Lösung

Die Second-best-Lösung, die es bei Informationsasymmetrien zu erreichen gilt, kann formal durch Rückwärtsinduktion ermittelt werden, indem mit der Stufe begonnen wird, auf welcher der Kreditbetreuer sein Anstrengungsniveau z festlegt. Die Bedingung erster Ordnung für das

Optimierungsverhalten des Kreditbetreuers hinsichtlich des Anstrengungsniveaus z stellt sich folgendermaßen dar

$$(3.19) \quad \frac{\delta \, S\ddot{A}_K}{\delta z} = \frac{\delta}{\delta z}\left(s_0 + s_1\mu - cz - \frac{\alpha}{2}s_1^2 \frac{\kappa}{\tau + tz}\right) = \frac{t\alpha\kappa s_1^2}{2(\tau + tz)^2} - c \, .$$

Nullsetzen und Auflösen nach z ergibt

$$(3.20) \quad \frac{t\alpha\kappa s_1^2}{2(\tau + tz)^2} - c = 0 \Rightarrow z^2 + \frac{2z\tau}{t} + \frac{\tau^2}{t^2} - \frac{\alpha\kappa s_1^2}{2ct} = 0 \, .$$

Es gilt also eine quadratische Gleichung zu lösen, wobei aufgrund des für die Parameter vorgegebenen Wertebereiches nur die additive Verknüpfung zu berücksichtigen ist

$$(3.21) \quad z = -\frac{2\tau}{2t} + \sqrt{\frac{4\tau^2}{4t^2} - \frac{\tau^2}{t^2} + \frac{\alpha\kappa s_1^2}{2ct}} = s_1\sqrt{\frac{\alpha\kappa}{2ct}} - \frac{\tau}{t} \, .$$

Aus Sicht des Kreditbetreuers stellt (3.21) den optimalen Arbeitseinsatz z in der Second-best-Lösung dar. Die durch das Anstrengungsniveau des Kreditbetreuers implizierte Ertragsvarianz ermittelt sich als

$$(3.22) \quad \sigma^2(z) = \frac{\kappa}{\tau + s_1\sqrt{\dfrac{t\alpha\kappa}{2c}} - \tau} = \frac{\sqrt{2c\kappa}}{s_1\sqrt{t\alpha}} \, .$$

Für das Sicherheitsäquivalent des Kreditbetreuers ergibt sich aus (3.7), (3.21) und (3.22)

$$(3.23) \quad S\ddot{A}_K = s_0 + s_1\mu - c\left(s_1\frac{\sqrt{\alpha\kappa}}{\sqrt{2ct}} - \frac{\tau}{t}\right) - s_1\sqrt{\frac{c\alpha\kappa}{2t}}$$

$$= s_0 + s_1\left(\mu - \sqrt{\frac{2c\alpha\kappa}{t}}\right) + \frac{c\tau}{t} \, .$$

Die Partizipationsbedingung lautet somit

$$(3.24) \quad s_0 + s_1\left(\mu - \sqrt{\frac{2c\alpha\kappa}{t}}\right) + \frac{c\tau}{t} \geq 0 \, .$$

Ist die Annahme des Vertrages durch den Kreditbetreuer gesichert, muss der optimale Entlohnungskontrakt festgelegt werden. Dazu maximiert das Bankmanagement seine Zielfunktion $\max\limits_{s_0, s_1} S\ddot{A}_B$, d.h. sein Sicherheitsäquivalent, unter Beachtung der Anreizkompatibilitäts- und Partizipationsbedingung. Die Anreizkompatibilitätsbedingung wird formal dadurch eingehalten, dass die Reaktionsfunktion (3.21) des Kreditbetreuers in das Sicherheitsäquivalent des Bankmanagements (3.10) eingesetzt wird. Um keine Ressourcen zu verschwenden, wird die Entlohnungsfunktion so gewählt, dass die Partizipationsbedingung (3.24) exakt gleich Null ist, d.h. der Kreditbetreuer gerade noch zur Zusammenarbeit bereit ist. Die Partizipationsbedingung wird durch Auflösen nach s_0 in die Zielfunktion integriert. Auflösen der Gleichung nach s_0 ergibt

$$(3.25) \qquad s_0 = -s_1\left(\mu - \sqrt{\frac{2c\alpha\kappa}{t}}\right) - \frac{c\tau}{t}.$$

Einsetzen von (3.25) in das Sicherheitsäquivalent des Bankmanagements und Ableiten nach s_1 ergibt

$$(3.26) \qquad \frac{\delta\,S\ddot{A}_B}{\delta\,s_1} = \frac{\delta}{\delta\,s_1}\left(\mu - s_1\sqrt{\frac{2c\alpha\kappa}{t}} + \frac{c\tau}{t} - \frac{\beta}{2}(1-s_1)^2\frac{\sqrt{2c\kappa}}{s_1\sqrt{t\alpha}}\right)$$

$$= \frac{\beta\sqrt{c\kappa}}{s_1^{\,2}\sqrt{2t\alpha}} - \sqrt{\frac{2c\alpha\kappa}{t}} - \frac{\beta\sqrt{c\kappa}}{\sqrt{2t\alpha}}.$$

Aus dem Nullsetzen von (3.26) folgt die Second-best-Lösung der variablen Entlohnungskomponente $s_1^{\,*}$

$$(3.27) \qquad \frac{\beta\sqrt{c\kappa}}{s_1^{\,2}\sqrt{2t\alpha}} - \sqrt{\frac{2c\alpha\kappa}{t}} - \frac{\beta\sqrt{c\kappa}}{\sqrt{2t\alpha}} = 0$$

$$\Rightarrow s_1^{\,*} = \sqrt{\frac{\beta}{2\alpha + \beta}}.$$

Der Arbeitseinsatz im Second-best-Fall z^* ergibt sich dann unter Rückgriff auf (3.21) als

$$(3.28) \qquad z^* = \sqrt{\frac{\alpha\beta\kappa}{2ct(2\alpha+\beta)}} - \frac{\tau}{t}.$$

Für die Varianz folgt durch Einsetzen von s_1 in (3.22)

$$(3.29) \qquad \sigma^{2*} = \sqrt{\frac{2c\kappa(2\alpha+\beta)}{t\alpha\beta}}.$$

Die fixe Entlohnungskomponente $s_0^{\,*}$ kann mittels (3.25) ermittelt werden

$$(3.30) \qquad s_0^{\bullet} = \sqrt{\frac{2c\alpha\beta\kappa}{t(2\alpha + \beta)}} - \mu\sqrt{\frac{\beta}{2\alpha + \beta}} - \frac{c\tau}{t}.$$

Das Sicherheitsäquivalent des Bankmanagements in der Second-best-Lösung ergibt sich somit als

$$(3.31) \qquad S\ddot{A}_B^{\bullet} = \mu + \frac{c\tau}{t} + \left(\sqrt{\beta} - \sqrt{2\alpha + \beta}\right)\sqrt{\frac{(2c\beta\kappa)}{t\alpha}}.$$

Vergleich von Second-best und First-best-Lösung

Der Vergleich des Second-best-Falles mit der First-best-Lösung zeigt die Auswirkungen der Informationsasymmetrie. Die Gegenüberstellung des Anstrengungsniveaus in den beiden Fällen $z^{\bullet\bullet} = \sqrt{\dfrac{\alpha\beta\kappa}{2ct(\alpha + \beta)}} - \dfrac{\tau}{t}$ und $z^{\bullet} = \sqrt{\dfrac{\alpha\beta\kappa}{2ct(2\alpha + \beta)}} - \dfrac{\tau}{t}$ verdeutlicht das höhere Anstrengungsniveau in der First-best-Lösung $\left(z^{\bullet\bullet} > z^{\bullet}\right)$.

Da das Ertragsrisiko des Kreditgeschäfts von der Arbeitsleistung z des Kreditbetreuers abhängt, hat ceteris paribus der Unterschied zwischen $z^{\bullet}$ und $z^{\bullet\bullet}$ direkte Auswirkungen auf das erzielbare Risikoniveau. Aus dem Vergleich von (3.17) und (3.29) ist ersichtlich, dass die höhere Arbeitsleistung in der First-best-Lösung zu einem vergleichsweise geringerem Risiko führt, d.h. das Ausmaß der Varianz in der First-best-Lösung $\sigma^{2\bullet\bullet} = \sqrt{\dfrac{2c\kappa(\alpha + \beta)}{t\alpha\beta}}$ niedriger als in der Second-best-Lösung $\sigma^{2\bullet} = \sqrt{\dfrac{2c\kappa(2\alpha + \beta)}{t\alpha\beta}}$ ist.

Darüber hinaus kann unter Rückgriff auf (3.14) und (3.27) gezeigt werden, dass der variable Anteil der Vergütung des Kreditbetreuers s_1 im First-best-Fall kleiner ist als in der Second-best-Lösung, d.h. $s_1^{\bullet\bullet} < s_1^{\bullet}$ bzw. $\dfrac{\beta}{\alpha + \beta} < \sqrt{\dfrac{\beta}{2\alpha + \beta}}$.[214]

Aus dem Vergleich der Sicherheitsäquivalente des Bankmanagements für die beiden Lösungsansätze wird schließlich deutlich, dass die First-best-Lösung überlegen ist und in der Second-

---

[214] Die Gültigkeit dieser Ungleichung wird im Anhang 3.3 bewiesen.

best-Lösung Agency-Kosten $(AC)^{215}$ aus der Nichtbeobachtbarkeit der Kreditbetreuerleistung entstehen:

$$S\ddot{A}_B^{**} - S\ddot{A}_B^{*} = AC > 0 .^{216}$$

3.4.3 Komparative Statik

Im Folgenden sollen für den Second-best-Fall die Auswirkungen und Interdependenzen der einzelnen Parameter, wie z.b. der Marktkenntnis t oder Ratingtechnologie τ, untersucht werden. Darüber hinaus gilt es insbesondere, den Einfluss der Marktfolge in die Modellkonzeption zu integrieren und zu analysieren.

Risikoparameter κ

Durch die nachgelagerte Risikoüberwachung und Steuerung der Marktfolge ist es, losgelöst von der Selektions- und Betreuungsleistung des Kreditbetreuers, potentiell möglich, das Ertragsrisiko zu verringern. Falls z.b. unerwünschte Kreditantragsteller herausgefiltert und abgelehnt werden, trägt das zu einer zusätzlichen Ertragsverstetigung bei. Um die Leistung der Marktfolge im Modellrahmen zu berücksichtigen, wird unterstellt, dass sie in begrenztem Umfang den Risikoparameter κ beeinflussen kann.[217] Eine Verringerung von κ impliziert in diesem Sinne ceteris paribus eine niedrigere Ertragsvarianz. Im Rahmen der weiteren Analyse gilt es, die daraus resultierenden Auswirkungen auf das Anstrengungsniveau des Kreditbetreuers und das aus der Kreditvergabe resultierende Risiko sowie das Sicherheitsäquivalent des Bankmanagements zu untersuchen.

Zunächst soll der Zusammenhang zwischen κ und dem Anstrengungsniveau des Kreditbetreuers z analysiert werden. Die partielle Ableitung

$$(3.32) \qquad \frac{\delta z^{*}}{\delta \kappa} = \frac{\alpha\beta}{2\sqrt{\kappa\alpha\beta}\sqrt{2c + t(\alpha + \beta)}} > 0$$

weist einen positiven marginalen Einfluss von κ auf z aus. Eine Absenkung von κ bewirkt eine Verringerung des Anstrengungsniveaus z und vice versa. Dieser Effekt kann folgendermaßen erklärt werden. Eine verringerte Ausprägung von κ impliziert, dass die Marktfolge in

---

[215] Die Interpretation der Agency Kosten als Informationsnachteil korrespondiert mit der Erkenntnis, dass bei Annahme risikoaverser Agenten Informationen über das Anstrengungsniveau immer von Wert sind, vgl. Shavell, 1979, S. 59-64.

[216] Eine Analyse der Agency-Kosten ist im Anhang 3.4 zu finden.

[217] Agency-Konflikte der Marktfolge werden in der Betrachtung bewusst nicht problematisiert.

größerem Ausmaß zur Risikoreduktion beiträgt. In der Konsequenz ist es dem Kreditbetreuer möglich, ein bestimmtes Risikoniveau mit vergleichsweise weniger Anstrengung zu erreichen und vice versa.

Als weiterer Schritt ist zu untersuchen, ob und inwieweit das Risiko der Kreditvergabe von dem Parameter κ abhängt. Die partielle Ableitung des Risikos σ^2 nach κ

$$(3.33) \qquad \frac{\delta \sigma^{2^{\bullet}}}{\delta \kappa} = \frac{1}{\kappa} \sqrt{\frac{c\kappa(2\alpha + \beta)}{2t\alpha\beta}} > 0$$

zeigt einen positiven marginalen Einfluss von κ auf σ^2, d.h. die Verringerung des Risikoparameters κ bewirkt eine Abnahme des Risikos der Kreditvergabe und vice versa.

Aus (3.32) und (3.33) werden die positiven Auswirkungen von κ sowohl auf das Anstrengungsniveau z als auch σ^2 deutlich. Eine Absenkung von κ durch die Marktfolge bewirkt somit trotz verringertem Anstrengungsniveau des Kreditbetreuers eine Risikoabnahme in der Kreditausreichung. Da mit der Verringerung von κ das Risiko und die Anstrengung des Kreditbetreuers sinken, sollte auch die dem Kreditbetreuer zu zahlende Kompensationsleistung für Arbeitsleid und übernommenes Risiko abnehmen. Die Ableitung des fixen Entlohnungsbestandteils s_0 nach κ

$$(3.34) \qquad \frac{\delta s_0^{\bullet}}{\delta \kappa} = \frac{\sqrt{\dfrac{\tau\kappa\alpha\beta}{4t\alpha + 2t\beta}}}{\kappa} > 0$$

zeigt den positiven marginalen Einfluss von κ auf s_0. Wie vermutet, sinkt mit abnehmender Ausprägung von κ die dem Kreditbetreuer zu zahlende fixe Vergütung und vice versa.

Das Ergebnis verdeutlicht, dass der Risikoparameter κ nicht nur einen positiven marginalen Einfluss auf σ^2 und z sondern auch auf s_0 hat. Da das Sicherheitsäquivalent des Bankmanagements wiederum sowohl von σ^2 als auch s_0 negativ beeinflusst wird, ist eine negative Auswirkung von κ auf das Sicherheitsäquivalent des Bankmanagements $S\ddot{A}_B$ zu erwarten. Die partielle Ableitung von $S\ddot{A}_B$ nach κ

$$(3.35) \qquad \frac{\delta S\ddot{A}_B^{\bullet}}{\delta \kappa} = \frac{c\beta\left(\sqrt{\beta} - \sqrt{2\alpha + \beta}\right)}{t\alpha\sqrt{2c\beta\kappa}} < 0$$

bestätigt diese Vermutung, d.h. die marginale Verringerung von κ durch die Marktfolge bewirkt eine Erhöhung des Sicherheitsäquivalents des Bankmanagements und vice versa.

Zusammenfassend kann festgehalten werden, dass sich κ positiv auf das Anstrengungsniveau des Kreditbetreuers, aber auch auf das Risiko der Kreditvergabe auswirkt, wohingegen das Sicherheitsäquivalent des Bankmanagements negativ beeinflusst wird. Eine Absenkung des Risikoparameters κ durch die Marktfolge hat somit, über die risikoreduzierende Funktion hinaus, Auswirkungen auf die Anstrengung des Kreditbetreuers, die Kalibrierung des Anreizsystems und den Erfolg der Kreditvergabe.

Risikoaversionskoeffizienten α und β

Die Ausprägungen der Risikoaversionskoeffizienten α bzw. β und deren Zusammenspiel haben ebenfalls Implikationen für das erreichbare Nutzenniveau. Die Risikoaversion α des Kreditbetreuers wirkt sich ceteris paribus direkt auf den Erwartungsnutzen des Bankmanagements aus. Die partielle Ableitung des Sicherheitsäquivalents des Bankmanagements nach α verdeutlicht diesen negativen Zusammenhang

$$(3.36) \qquad \frac{\delta S\ddot{A}_B}{\delta \alpha} = \frac{\sqrt{\beta}\left(\sqrt{\beta} - \sqrt{2\alpha + \beta}\right) \cdot \sqrt{\frac{c\beta\kappa}{t\alpha}}}{\sqrt{2\alpha} \cdot \sqrt{2\alpha + \beta}} < 0.$$

Aufgrund des unterstellten positiven Wertebereichs aller Parameter impliziert eine marginale Erhöhung der Risikoaversion des Kreditbetreuers einen negativen Effekt auf das Sicherheitsäquivalent des Bankmanagements. Umgekehrt erhöht sich $S\ddot{A}_B$ mit abnehmender Risikoaversion des Kreditbetreuers. Da auch das Bankmanagement risikoavers modelliert ist, sind darüber hinaus die Wechselwirkungen mit dem Ausmaß der Risikoaversion des Kreditbetreuers zu beachten. In Abbildung 3.5 ist bei konstant gehaltenen übrigen Variablen das Zusammenspiel dieser beiden Parameter abgetragen.[218]

Zunächst ist ersichtlich, dass sich das Sicherheitsäquivalent des Bankmanagements mit abnehmender eigener Risikoaversion β erhöht. Gleichzeitig steigt der Erwartungsnutzen des Bankmanagements aber auch mit einer Verringerung der Risikoaversion des Kreditbetreuers α, da dieser dann ceteris paribus einen größeren Anteil des Risikos auf sich nimmt. Im Ex-

---

[218] Zur graphischen Veranschaulichung wird $\mu = 10$, $\kappa = 25$, $c = 0,5$ und $t = \tau = 1$ unterstellt.

tremfall von $\alpha = 0$ ist der Kreditbetreuer quasi risikoneutral, so dass er das komplette Risiko übernehmen kann und das Sicherheitsäquivalent des Bankmanagements, unabhängig von der eigenen Risikoaversion, den Maximalwert erreicht. Unter den Prämissen des Modellrahmens ist es aus Sicht des Bankmanagements somit sinnvoll, in der Mitarbeiterselektion bewusst darauf zu achten, Kandidaten mit vergleichsweise geringer Risikoaversion auszuwählen, da diese eher zur Übernahme von Risiken bereit sind und zur Kompensation ein vergleichsweise geringes Fixgehalt bezahlt werden muss.

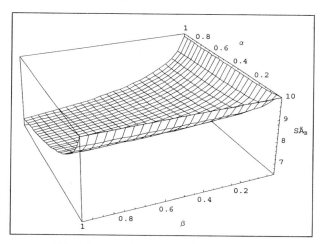

Abb. 3.5: Auswirkungen der Risikoaversion

Marktkenntnis t und Ratingtechnologie τ

Als weitere wichtige Einflussgrößen sollen die Auswirkungen und Interdependenzen der Marktkenntnis t und der Ratingtechnologie τ untersucht werden. Eine Verbesserung der Ratingtechnologie τ bewirkt, dass der Kreditbetreuer, wie aus der Varianz

$$\sigma^2 = \frac{\kappa}{\tau + tz}$$

deutlich wird, ein bestimmtes Risikoniveau mit vergleichsweise weniger Aufwand erzielen kann. Das in der Second-best-Lösung gewählte Risikoniveau

$$\sigma^{2*} = \sqrt{\frac{2c\kappa(2\alpha + \beta)}{t\alpha\beta}}$$

83

wird nicht von τ beeinflusst. Der Kreditbetreuer reagiert auf die Veränderung von τ mit einer Anpassung der Anstrengung bei konstantem Risiko. Die erste Ableitung zeigt die negative Abhängigkeit des Anstrengungsniveaus von der Ratingtechnologie

$$(3.37) \qquad \frac{\partial z^*}{\partial \tau} = -\frac{1}{t} < 0 \, ,$$

woraus ersichtlich wird, dass sich z^* mit einer Erhöhung von τ verringert. Eine bessere bank-interne Ratingtechnologie induziert somit eine Abnahme der Anstrengung des Kreditbetreuers, da das angestrebte Risikoniveau mit vergleichsweise weniger Aufwand erreicht werden kann.

Die implizierte niedrigere Anstrengung des Kreditbetreuers sollte es dem Bankmanagement ermöglichen, die vertragliche Kompensationsleistung zu senken. Da s_1 unabhängig von τ gewählt wird, ist die fixe Gehaltskomponente s_0 zu betrachten. Die erste Ableitung von s_0^* nach τ ergibt

$$(3.38) \qquad \frac{\partial s_0^*}{\partial \tau} = -\frac{c}{t} < 0 \, .$$

Es ist ersichtlich, dass im Gleichgewicht eine Zunahme von τ ceteris paribus eine geringere fixe Vergütung ermöglicht, so dass die Lohnkosten gesenkt werden können und der Erwar-tungsnutzen des Bankmanagements linear mit τ steigt. Dieser Zusammenhang kann auch durch die partielle Ableitung des Sicherheitsäquivalents des Bankmanagements nach τ ver-deutlicht werden:

$$(3.39) \qquad \frac{\delta S\ddot{A}_B}{\delta \tau} = \frac{c}{t} > 0 \, .$$

Eine Erhöhung von τ um eine Einheit impliziert somit einen positiven Effekt auf das Sicher-heitsäquivalent des Bankmanagements in Höhe von $\frac{c}{t}$. Eine Investition in die Ratingtechnolo-gie lohnt sich aus Sicht des Bankmanagements somit, sobald der aus der Beziehung zu jedem Kreditbetreuer resultierende Vorteil in Höhe von $\frac{c}{t}$ größer ist als die entstehenden anteilig zurechenbaren Kosten. Je höher das Arbeitsleid je Anstrengungseinheit des Kreditbetreuers c ist, desto eher lohnt sich darüber hinaus die Investition in eine geeignete Ratingtechnologie, welche die Kreditnehmerselektion und Betreuung erleichtert.

Aus den Gleichungen (3.37), (3.38) und (3.39) ist jeweils auch der Zusammenhang zwischen τ und t ersichtlich. Je besser die Marktkenntnis der Bank ist, desto geringer fällt aus Sicht des Bankmanagements der marginale Nutzenzuwachs aus einer Stärkung der Ratingtechnologie aus, da die marginale Aufwandserleichterung des Kreditbetreuers und somit auch die potentielle Lohnkostenersparnis abnimmt. Dieser Zusammenhang verdeutlicht, dass die Verbesserung der Ratingtechnologie und der Ausbau des Relationship Banking zur Steigerung der Marktkenntnis und Kundennähe zwei unterschiedliche, sich gegenseitig beeinflussende Ansätze darstellen, die die Qualität der Kreditvergabe zu erhöhen und inhärente Risiken abzubauen.[219]

Im Folgenden soll graphisch illustriert werden, welche Auswirkungen die Ausprägungen der Ratingtechnologie τ und der Marktkenntnis t auf den Erwartungsnutzen des Bankmanagements haben. In Abbildung 3.6 wird der Zusammenhang zwischen Ratingtechnologie und Marktkenntnis aufgezeigt, indem die Risikoaversion der Beteiligten $\alpha = \beta = 1$ konstant gesetzt und die Variablen τ und t variiert werden.[220] Ceteris paribus erhöht sich das Sicherheitsäquivalent des Bankmanagements mit steigender Ratingtechnologie und Marktkenntnis, wobei das Ausmaß der positiven Wirkung auch von der Ausprägung der jeweils anderen Determinante, d.h. Marktnähe bei Ratingtechnologie und vice versa, abhängt.

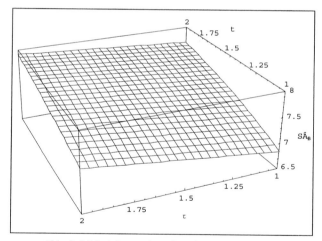

Abb. 3.6: Marktkenntnis und Ratingtechnologie

---

[219] Dieses Ergebnis korrespondiert mit Petersen/ Rajan, 2002, S. 2557-2566, die aufzeigen, dass im Zeitraum von 1973-1993 die Verbesserung der Ratingtechnologie mit einer abnehmenden Marktnähe der Kreditinstitute einhergeht.
[220] Zur graphischen Veranschaulichung wird dazu $\mu = 10$, $\kappa = 25$ und $c = 0,5$ unterstellt.

Ziel dieses Kapitels war es, eine geeignete Modellkonzeption für die Analyse bankinterner Anreizprobleme im Kreditbereich zu entwickeln. Indem auf das Konzept stochastischer Dominanz zweiter Ordnung in Verbindung mit einem exogen fixierten Erwartungswert zurückgegriffen wurde, konnte das Risikoanreizproblem modelltheoretisch adäquat operationalisiert werden.[221] Die darüber hinausgehenden einschränkenden Annahmen, wie z.B. die Normalverteilungsannahme oder die lineare Modellierung der Kreditbetreuervergütung und der Parameter t, τ und c ermöglichten es, analytisch handhabbare Ergebnisse zu erlangen.[222] Die Konzeption stellt dadurch zwar eine deutliche Vereinfachung der Realität dar. Es können jedoch robuste Modellergebnisse für die grundsätzlichen Zusammenhänge erzielt werden.[223]

3.5 Zusammenfassung

In dieser Arbeit erfolgte sowohl eine empirische als auch modelltheoretische Analyse der Ausgestaltung bankinterner Ratingverfahren. Die Ergebnisse der empirischen Untersuchung deuteten auf Handlungsbedarf der betrachteten kleinen und mittelgroßen Kreditinstitute in Bezug auf die Anreizsteuerung der Kreditbetreuer hin. Während in einem Großteil der Banken Maßnahmen zur Verbesserung der Marktkenntnis oder Ratingtechnologie geplant sind, werden die Kreditbetreuer häufig nicht oder suboptimal über variable Entlohnungsbestandteile motiviert.

Aufbauend auf diesem Ergebnis wurde ein Modellrahmen entwickelt, der die spezifischen Besonderheiten der Kreditbetreuersteuerung berücksichtigt und eine strukturierte Analyse der mit der organisatorischen Ausgestaltung verbundenen Anreizeffekte und Implikationen ermöglicht. In der Modellkonzeption konnte gezeigt werden, dass durch ein adäquates Anreizsystem die Kreditbetreuer auch bei eingeschränkten Monitoringmöglichkeiten zu einem erwünschten risikominimierendem Verhalten motiviert werden können, wobei jedoch Agency-Kosten entstehen. Der jeweilige Erfolg der Ausgestaltung hängt von den Charakteristika der Kreditbetreuer, der Marktfolge und der im Kreditinstitut vorliegenden Marktkenntnis sowie Ratingtechnologie ab. In der Modellanalyse konnten in strukturierter Form grundsätzliche Zusammenhänge und Implikationen dieser Einflussfaktoren, die es auch in der Bankpraxis zu beachten gilt, herausgearbeitet werden. So wurden u.a. das Risikoteilungsproblem zwischen

---

[221] Vgl. Kürsten, 1994, S. 30-34.
[222] Sung, 1995, S. 722-729 zeigt hinreichende Bedingungen für eine Verallgemeinerung auf, unter der die lineare Ausgestaltung des Entlohnungsvertrages weiterhin adäquat ist.
[223] Vgl. auch Holmström/ Milgrom, 1987, S. 303-326

Bankmanagement und Kreditbetreuer, die Auswirkungen der Marktfolgeaktivitäten auf das Risiko und die Anstrengung des Kreditbetreuers sowie die Wechselwirkung zwischen Marktkenntnis und Ratingtechnologie verdeutlicht.

Da diese Arbeit einen der ersten Ansätze darstellt, Anreizprobleme zwischen Bankmanagement und Kreditbetreuer zu analysieren, bietet sich ein breites Feld für weitere Forschungsarbeit. Ein potentieller Ansatzpunkt könnte darin bestehen, komplexere organisatorische Strukturen z.B. unter Berücksichtigung von Kreditteams modelltheoretisch abzubilden und empirisch zu untersuchen.

4. Prozyklisches Verhalten im Kreditmarkt: Die Bedeutung der ökonomischen und regulatorischen Eigenmittelanforderungen

4.1 Einleitung

Empirisch ist feststellbar, dass in einer Ökonomie ausgereichte Kreditvolumina zyklischen Schwankungen unterworfen sind. In Boomphasen werden in erheblich größerem Umfang Kredite vergeben als während Rezessionen.[224] Das Ausmaß dieses Phänomens ist so hoch, dass es nicht ausschließlich durch die konjunkturabhängige Entwicklung der Nachfrage erklärt werden kann.[225] Vielmehr wird das stark schwankende Angebotsverhalten des Kreditgewerbes für die Verstärkung von Konjunkturzyklen verantwortlich gemacht.[226] Kreditinstitute reagieren als Anbieter von Krediten potentiell sensitiver als die Nachfrageseite auf makroökonomische Veränderungen.[227] Eine aus diesem Verhalten entstehende Angebotsverknappung in makroökonomisch schlechten Zeiten kann zu einem Credit Crunch führen.[228]

Häufig wird argumentiert, dass das prozyklische Verhalten des Kreditgewerbes durch die ökonomischen und regulatorischen Eigenmittelanforderungen forciert wird, sobald sie das frei verfügbare Bankkapital beanspruchen.[229] Der Einführung risikosensitiver regulatorischer Eigenmittelanforderungen im Rahmen von Basel II kommt in diesem Zusammenhang hohe Bedeutung zu. Da sich jedoch auch der Großteil der bisherigen Forschungsarbeit primär auf regulatorische Aspekte konzentriert, bleibt der Zusammenhang zwischen den aufsichtlichen und ökonomischen Eigenmittelanforderungen weitgehend unberücksichtigt.

Die Forschungslücke versucht dieser Beitrag ein Stück zu schließen, indem die Entwicklung sowohl der regulatorischen Anforderungen als auch des ökonomischen Kapitals über einen Kreditzyklus quantitativ analysiert wird. Ziel ist es, Anhaltspunkte für die zyklischen Schwankungen der Eigenmittelanforderungen eines Bankkreditportfolios zu generieren und zu überprüfen, welche Auswirkungen mit der zunehmenden Bedeutung risikosensitiver regulatorischer und ökonomischer Eigenmittelanforderungen verbunden sind. Dabei wird berücksich-

---

[224] Einen guten Überblick liefert Borio/ Furfine/ Lowe, 2001, S. 11-18.
[225] Vgl. Nehls/ Schmidt, 2004, S. 489-493.
[226] Morris/ Shin, 1999, S. 53-60 und Danielsson/ Zigrand, 2002, S. 6-15 gehen modelltheoretisch auf die Endogenität des Risikos in einem Bankensystem ein.
[227] Vgl. Schlick, 1994, S. 22-23.
[228] Unter Credit Crunch wird in der Literatur eine drastische banksystemweite Abnahme des Kreditangebots verstanden, vgl. Bernanke/ Lown, 1991, S. 207.
[229] Vgl. Redak/ Tscherteu, 2003, S. 64 oder Rudolph, 2004b, S. 255.

tigt, dass sowohl die regulatorischen Anforderungen als auch das ökonomische Kapital das Verhalten der Banken maßgeblich beeinflussen können, sobald sie die frei verfügbaren Eigenmittel limitieren.

Der Beitrag des vierten Kapitels gliedert sich einschließlich Einleitung in sechs Unterkapitel. In 4.2 erfolgt eine einführende Darstellung des Prozyklizitätsphänomens und der zugrundeliegenden Einflussfaktoren. In Abschnitt 4.3 wird unter Rückgriff auf das Ein-Faktor-Modell zur Ermittlung des Kreditportfoliorisikos ein einfacher Modellrahmen zur Analyse des Prozyklizitätsproblems entwickelt, der den Zusammenhang zwischen konjunkturellem Zustand, Eigenmittelanforderungen und Kreditvergabeverhalten der Banken quantifiziert. Um möglichst realitätsnahe Aussagen zu generieren, wird das Modell auf empirisch festgestellte Ausfallraten während eines vollständigen Kreditzyklus kalibriert. Das vierte Unterkapitel greift auf diese Ausgestaltung zurück, um den Einfluss der endogenen, prozyklischen Wirkung des Kreditgewerbes für unterschiedliche Kapitalanforderungen aufzuzeigen. In der Analyse werden sowohl die Auswirkungen der neuen regulatorischen Anforderungen im IRB-Ansatz im Vergleich zu den bisherigen Regelungen als auch das Zusammenspiel mit dem ökonomischen Kapital untersucht. Im Kapitel 4.5 erfolgt eine empirische Überprüfung der Modellkonzeption. Der Beitrag schließt im sechsten Unterkapitel mit einer Zusammenfassung der Ergebnisse.

4.2 Die Prozyklizitätsproblematik des Kreditgewerbes

Ein wichtiges Ziel der Bankenregulierung besteht darin, unerwünschte externe Effekte zu minimieren, die aus der Geschäftstätigkeit des Kreditgewerbes für andere Unternehmen und Individuen entstehen.[230] Prozyklische Verstärkungswirkungen auf die Ökonomie stellen derartige externe Effekte dar. Unter Prozyklizität wird der Umstand verstanden, dass das Kreditgewerbe maßgeblichen Einfluss auf die konjunkturelle Situation nimmt und die jeweilige Entwicklung verstärkt. In makroökonomisch schlechten Phasen erhöht eine zusätzliche Kreditverknappung seitens der Banken potentiell die negative Situation. Im Aufschwung wirkt ein Anstieg der Kreditvergabe zunächst als makroökonomischer Stimulus. In Boomphasen können durch eine übermäßige Kreditausreichung jedoch Instabilitäten produziert werden, die letztlich für einen wirtschaftlichen Abschwung mitverantwortlich sind.[231]

---

[230] Vgl. Burghof/ Rudolph, 1996, S. 31-33.
[231] Vgl. Berger/ Udell, 2003, S. 1.

Für eine einzelne Bank kann die makroökonomische Entwicklung als exogener Faktor betrachtet werden. Aus systematischem Verhalten des Kreditgewerbes resultiert hingegen potentiell eine endogene Beeinflussung der Makroökonomie,[232] die eine Gefahr für das Bankensystem und die Gesamtwirtschaft darstellt.[233] Der Zusammenhang kann durch empirische Ergebnisse unterlegt werden, die Hinweise auf das Prozyklizitätsphänomen liefern. So sind Zusammenhänge zwischen der makroökonomischen Situation und z.b. den Credit Spreads[234], der Höhe der Bankrückstellungen und der Kreditvergabe feststellbar.[235] Für zahlreiche Länder ergibt sich ein signifikanter Anstieg der Kreditvergabe während eines konjunkturellen Aufschwungs und ein starker Rückgang im Abschwung. Befragungen US-amerikanischer Loan Manager, die seit 1967 durchgeführt werden, zeigen ebenfalls Interdependenzen auf.[236]

In der Literatur sind unterschiedliche Ansätze zur Erklärung des Prozyklizitätsphänomens zu finden, wobei z.b. zyklisch schwankende Agency-Kosten[237] oder das Verhalten der Kreditbetreuer und Bankmanager[238] verantwortlich gemacht werden. Diese Arbeit folgt dem Hauptfokus der Literatur und bezieht sich auf eine im Konjunkturzyklus unterschiedlich starke Einschränkung der Kreditvergabe durch limitierende Eigenmittelanforderungen.[239] Grundgedanke der risikoorientierten Kreditvergabe ist, dass sich das jeweilige Kreditrisiko sowohl im Pricing der Kredite als auch der bankinternen Eigenmittelunterlegung widerspiegelt.[240] Die Veränderung der Kreditrisiken im Konjunkturzyklus impliziert somit Schwankungen risikosensitiver Eigenmittelanforderungen. Falls dadurch die für die Kreditvergabe zur Verfügung stehenden freien Eigenmittel limitiert werden, resultieren entsprechende Auswirkungen auf die Kreditvergabe, die im Konjunkturzyklus prozyklisch wirken können.[241] Eine Zunahme der Kreditrisiken in rezessiven Phasen erhöht z.b. die Eigenmittelanforderungen, wodurch weniger Kapital für das Kreditgeschäft zur Verfügung steht und eine Einschränkung der geplanten Neuengagements nötig wird, sobald die Banken über keinen ausreichenden Eigenmittelpuffer verfügen.

---

[232] Vgl. Borio/ Furfine / Lowe, 2001, S. 11-12.
[233] Vgl. Danielsson/ Shin, 2002, S. 5-8.
[234] Vgl. Koopman/ Lucas, 2005, S. 316-320.
[235] Vgl. Borio/ Furfine/ Lowe, 2001, S. 11-18 für einen Überblick.
[236] Vgl. Lown/ Morgan/ Rohatgi, 2000, S. 2-4.
[237] Vgl. Bernanke/ Gertler/ Gilchrist, 1998 für einen Überblick über Arbeitspapiere in diesem Bereich.
[238] Vgl. Rajan, 1994, S. 403-423, Berger/ Udell, 2003, S. 2-7.
[239] Vgl. Shrieves/ Dahl, 1995, 10-26, Blum/ Hellwig, 1996, S. 46-51, Danielsson/ Zigrand, 2002, S. 6-19, Bliss/ Kaufman, 2003, S. 24-30, Estrella, 2004, S. 1476-1488 und Heid/ Porath/ Stolz, 2003, S. 18-29. Bühler/ Koziol, 2004 zeigen dagegen modelltheoretisch, dass Bankenregulierung auch antizyklisch wirken kann.
[240] Vgl. Kinder/ Steiner/ Willinsky, 2001, 282-284.
[241] Vgl. Redak/ Tscherteu, 2003, S. 64.

Banken halten grundsätzlich zur Absicherung gegen das Insolvenzrisiko einen Eigenmittelpuffer, der auf einem definierten Niveau unerwartete Verluste absorbieren kann.[242] Als relevante Eigenmittelanforderungen werden in dieser Arbeit sowohl das zeitpunktbezogene ökonomische Kapital[243] als auch die regulatorischen Anforderungen der Bankenaufsicht verstanden.[244] Während sich das ökonomische Kapital aus bankinternen Risikoüberlegungen ergibt, beziehen sich die regulatorischen Kapitalanforderungen auf aufsichtliche, an der gesamtwirtschaftlichen Wohlfahrt orientierte Vorgaben.[245] Mit Einführung des IRB-Ansatzes im Rahmen von Basel II sind auch die regulatorischen Anforderungen erstmals risikosensitiv konzipiert.[246] Im IRB-Ansatz werden vergleichbar der Konzeption des ökonomischen Kapitals die Eigenmittelanforderungen zeitpunktbezogen erstellt, indem auf eine Verlustverteilung zurückgegriffen wird, deren Ausprägung von den bankinternen Kreditnehmereinschätzungen abhängt. Die Eigenmittelanforderungen werden für ein definiertes Signifikanzniveau der Verlustverteilung, das eine vorgegebene Insolvenzwahrscheinlichkeit widerspiegelt, ermittelt.[247] Die in den bankinternen Konzeptionen und im IRB-Ansatz herangezogenen Kreditnehmereinschätzungen beruhen, im Gegensatz zu den Through-the-Cycle-Ansätzen[248] der Ratingagenturen, auf zeitpunktbezogenen Point-in-Time-Verfahren, die in hohem Ausmaß den jeweils aktuellen makroökonomischen Einfluss auf das Kreditrisiko berücksichtigen. Die Ratingbeurteilungen der Kreditnehmer werden im Zeitablauf regelmäßig erneuert[249], so dass sich ceteris paribus auch die zugeordneten Ausfallwahrscheinlichkeiten während eines Konjunkturzyklus unterscheiden und sich makroökonomische Veränderungen in den risikosensitiven Kapitalanforderungen widerspiegeln.

Aus der makroökonomischen Entwicklung resultierende Veränderungen der zeitpunktbezogenen ökonomischen und regulatorischen Kapitalanforderungen[250] beeinflussen wiederum die

---

[242] Vgl. Ballwieser/ Kuhner, 2000, S. 369-370, Neuberger, 1994, S. 55.

[243] Das ökonomische Kapital ergibt sich in dieser Arbeit als um den erwarteten Verlust bereinigtes Quantil der Portfolioverlustverteilung, vgl. Bluhm/ Overbeck/ Wagner, 2003, S. 32, Ong, 1999, S. 168-169.

[244] Vgl. zu dieser doppelten Limitierung auch Matten, 2000, S. 93.

[245] Vgl. Bliss/ Kaufman, 2003, S. 24-25. Neben dem Risiko muss die jeweilige Kapitalunterlegung auch Transaktionskosten, Kosten der asymmetrischen Information, Steuern etc. berücksichtigen, vgl. Kinder/ Steiner/ Willinsky, 2001, S. 283.

[246] Vgl. Basel Committee on Banking Supervision, 2002, S. 37-97 oder Redak/ Tscherteu, 2003, S. 65-66.

[247] Vgl. Eggert, 2001, S. 6, Cantor, 2001, S. 182, Löffler, 2004, S. 696-706. Als Betrachtungshorizont für die Ermittlung der Ausfallwahrscheinlichkeiten wird grundsätzlich ein Jahr herangezogen, vgl. Ewert/ Szczesny, 2002, S. 577.

[248] Through the Cycle Ratingurteile der Ratingagenturen sollten im Idealfall unabhängig vom jeweiligen makroökonomischen Zustand sein. Dennoch können auch in diesen Ratingurteilen Hinweise auf eine prozyklische Wirkung identifiziert werden, vgl. Amato/ Furfine, 2004, S. 2652-2674 und Ferri/ Liu/ Majnoni, 2001, S. 139-146.

[249] Vgl. Datschetzky/ Straka/ Wukovits, 2003, S. 97.

[250] Vgl. Jackson, 2002, S. 105-106.

für Neuengagements frei verfügbaren Eigenmittel. Da sich der makroökonomische Zustand als zentraler systematischer Einflussfaktor vergleichbar auf das Kreditportfoliorisiko aller Banken einer Ökonomie auswirkt, kann systemübergreifend ein angebotsinduzierter Effekt auf das Kreditvolumen entstehen, der zu einer makroökonomischen Rückwirkung und prozyklischen Verstärkung führt.[251] Im folgenden Abschnitt wird ein einfaches Portfoliomodell dargestellt, das geeignet ist, den Zusammenhang zwischen makroökonomischer Situation und Eigenmittelanforderungen bzw. zwischen ökonomischem Kapital und regulatorischen Kapitalanforderungen aufzuzeigen.

4.3 Entwicklung einer Modellkonzeption als Analyserahmen

4.3.1 Das Ein-Faktor-Modell zur Modellierung des zyklischen Kreditrisikos

Es kann davon ausgegangen werden, dass das Risiko eines Kreditnehmers sowohl durch unternehmensspezifische, idiosynkratische Faktoren als auch durch systematische, für alle Kreditnehmer einer Bank relevante Komponenten beeinflusst wird.[252] Aus diesem Grund wird im Folgenden auf ein Ein-Faktor-Modell zur Ermittlung des Kreditportfoliorisikos zurückgegriffen, das neben den individuellen Risiken auch den systematischen Einfluss der jeweiligen makroökonomischen Situation einbezieht.[253] Das Ein-Faktor-Modell baut auf dem Ansatz von Merton[254] auf, berücksichtigt Korrelationen zwischen den Kreditnehmern und entspricht letztlich einer einfachen Version des CreditMetrics™-Modells.[255] In der analytisch geschlossenen Modelldarstellung ist es möglich, das Bankkreditportfoliorisiko im Zeitablauf zu untersuchen.

Das Ein-Faktor-Modell stellt ein Asset Credit Correlation Default-Modell dar, in dem die Rendite R_m des Unternehmens m sowohl von einem systematischen Faktor X als auch von einem kreditnehmerspezifischen Faktor ε_m abhängt

(4.1) $R_m = \sqrt{\rho} X + \sqrt{1-\rho}\,\varepsilon_m$.

Alle Unternehmen $m \in (1,....M)$ sind annahmegemäß dem systematischen Faktor mit identischer Faktorladung $\sqrt{\rho}$ ausgesetzt, während ε_m den jeweiligen unternehmensindividuellen

---

[251] Vgl. Danielsson u.a., 2001, S. 15-16, Catarineu-Rabell/ Jackson/ Tsomocos, 2003, S. 10-12.
[252] Vgl. Belkin/ Suchower/ Forest, 1998, S. 17.
[253] Wilson, 1998, S. 73-74 zeigt die zentrale Bedeutung der makroökonomischen Entwicklung auf.
[254] Vgl. Merton, 1974, S. 450-460.
[255] Zur Konzeption des Ein-Faktor-Modells vgl. Belkin/ Suchower/ Forest, 1998, S. 17-21, Finger, 1999, S. 14-26, Vasicek, 2002, S. 160-162, Bluhm/ Overbeck, 2003, S. 37-42, Wehrspohn, 2003, S. 4-5.

Einfluss abbildet. Sowohl X als auch ε_m sind standardnormalverteilte Zufallsvariablen, wobei sämtliche ε_m paarweise als auch von X unabhängig verteilt sind: $X, \varepsilon_m [m \in (1,...,M)]\, i.i.d.\ N(0,1)$. Da sich R_m als gefalteter Wert aus der Summe zweier standardnormalverteilter Variablen ergibt, sind auch die Unternehmensaktivarenditen R_m standardnormalverteilt und weisen eine paarweise Korrelation von ρ auf. Die Stärke des systematischen Einflusses wird durch die Faktorladung $\sqrt{\rho}$ bestimmt. Annahmegemäß tritt die Insolvenz eines Kreditnehmers m bis zum Risikohorizont ein, sobald die Unternehmensaktivarendite R_m unter eine bestimmte Ausfallschwelle α_m fällt: $R_m < \alpha_m$.

Für eine gegebene Realisation des systematischen Faktors x ergibt sich

(4.2) $P(R_m \leq a_m \,/\, X = x) = P(\sqrt{\rho}X + \sqrt{1-\rho}\,\varepsilon_m \leq \alpha_m \,/\, X = x)$,

wodurch folgende Ungleichung den Ausfall eines Unternehmens beschreibt

(4.3) $\varepsilon_m < \dfrac{\alpha_m - \sqrt{\rho}x}{\sqrt{1-\rho}}$.

Wegen $\varepsilon_m \sim N(0,1)$ folgt für die bedingte Ausfallwahrscheinlichkeit

(4.4) $PD_m(x) = \Phi\left(\dfrac{\alpha_m - \sqrt{\rho}x}{\sqrt{1-\rho}}\right)$,

wobei $\Phi(\cdot)$ die Verteilungsfunktion der Standardnormalverteilung bezeichnet.

Die Bestimmung unbedingter Ausfallwahrscheinlichkeiten ist ebenfalls einfach möglich. Da X und ε_m unabhängig standardnormalverteilte Zufallsvariablen sind, ergibt sich die unbedingte Wahrscheinlichkeit eines Kreditnehmerausfalls PD in Abhängigkeit von der jeweiligen Insolvenzschwelle α_m als

(4.5) $PD_m = P(R_m \leq a_m) = P(\sqrt{\rho}X + \sqrt{1-\rho}\,\varepsilon_m \leq \alpha_m) = \Phi(\alpha_m)$.

Die dargestellte Konzeption kann zur Ermittlung des Kreditportfoliorisikos erweitert werden. Zu diesem Zweck wird vereinfachend ein Portfolio angenommen, das aus M Kreditnehmern besteht, deren Engagements durch einen identischen Nominalwert $L = 1$ und identische einperiodige Laufzeiten gekennzeichnet sind. Ebenfalls weisen die Kreditengagements eine einheitliche Ausfallschwelle α und einen Verlust V bei Ausfall in vollständiger Höhe auf, d.h.

$$(4.6) \quad V_m = \begin{cases} 1...bei \ Ausfall \\ 0...sonst \end{cases}.$$

Die Wahrscheinlichkeit, dass die Anzahl an Insolvenzen I bis zum Risikohorizont exakt $I = i$ entspricht, kann aufgrund der Unabhängigkeitsannahme der Schuldner nach Realisation des systematischen Faktors durch folgende Binomialverteilung beschrieben werden:

$$(4.7) \quad P(I = i \,/\, X = x) = \binom{M}{i} PD(x)^i (1 - PD(x))^{M-i}.$$

Die Verteilungsfunktion ergibt sich durch die Summation aller potentiellen Insolvenzwahrscheinlichkeiten, die I annehmen kann:

$$(4.8) \quad P(I \leq i \,/\, X = x) = \sum_{k=0}^{i} P(I = i \,/\, X = x) = \sum_{k=0}^{i} \binom{M}{k} PD(x)^i (1 - PD(x))^{M-i}.$$

Es ist somit möglich, für eine gegebene Ausprägung des systematischen Faktors die Dichte- und Verteilungsfunktion des Portfolios zu ermitteln. Durch das Abgreifen von Credit at Risk (CaR)-Werten dieser Verteilung ergibt sich wiederum der bedingte unerwartete Portfolioverlust.[256] Dieser Umstand soll in folgender Abbildung verdeutlicht werden, die für ein Portfolio aus 1000 Kreditnehmern mit homogenem Risikoprofil, d.h. $L = 1$, $\rho = 0,2$ und einheitlicher Ausfallschwelle $\alpha = -2$ die bedingte Verlustverteilung für drei unterschiedliche Ausprägungen des systematischen Faktors angibt.

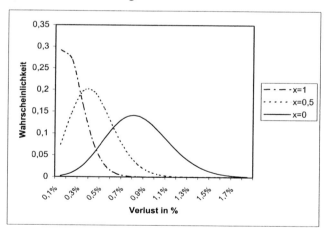

Abb. 4.1: Kreditportfolioverlustverteilung und systematischer Faktor

---

[256] Vgl. z.B. Overbeck/ Stahl, 2003, S. 68-69.

In einem weiteren Schritt kann die bedingte Funktion in eine unbedingte überführt werden, indem die bedingte Wahrscheinlichkeit mit der Dichtefunktion der Zufallsvariablen X gewichtet und über sämtliche Ausprägungsmöglichkeiten integriert wird:

$$(4.9) \quad P(I = i) = \int_{-\infty}^{+\infty} \binom{M}{i} PD(x)^i (1 - PD(x))^{M-i} \varphi(x)dx \,.^{257}$$

Entsprechend kann auch die unbedingte Verteilungsfunktion als Summe über alle potentiellen Ausfälle geschrieben werden:

$$(4.10) \quad P(I \le i) = F_I(i) = \sum_{k=0}^{i} \int_{-\infty}^{+\infty} \binom{M}{k} PD(x)^i (1 - PD(x))^{M-i} \varphi(x)dx \,.$$

Gemäß dem Gesetz der großen Zahlen konvergiert in einem unendlich granularen Portfolio ($M \to \infty$) mit einheitlichen Kreditausfallwahrscheinlichkeiten die Ausfallquote

$$(4.11) \quad \theta = \frac{1}{M} \sum_{k=1}^{M} V_k$$

stochastisch gegen die bedingte Ausfallwahrscheinlichkeit.[258] Bei angenommenem Loss Given Default (LGD) von 100% entspricht der prozentuale Ausfallverlust exakt der Ausfallquote und somit der bedingten Ausfallwahrscheinlichkeit

$$(4.12) \quad P_{M \to \infty}(\theta = PD(x) / X = x) = 1 \,.$$

Da außerdem die Ausfallwahrscheinlichkeit in einem unendlich granularen Portfolio $M \to \infty$ durch den systematischen Faktor determiniert ist, lässt sich Formel (4.4) folgendermaßen uminterpretieren:

$$(4.13) \quad \theta(x) = PD(x) = \Phi\left(\frac{\alpha - \sqrt{\rho}x}{\sqrt{1-\rho}} \right) \,.$$

Die Wahrscheinlichkeit, dass die Ausfallquote eine bestimmte Obergrenze O nicht überschreitet, ergibt sich nun durch[259]

$$(4.14) \quad P_{M \to \infty}(\theta \le O) = E(P_{M \to \infty}(\theta \le O / X = x)) = \int_{-\infty}^{\infty} P(\theta \le O / X = x)\varphi(x)dx \,.$$

---

[257] $\varphi(x)$ steht für die Dichtefunktion der Standardnormalverteilung.
[258] Vgl. Rau-Bredow, 2001, S. 1005, Vasicek, 2002, S. 160.
[259] Vgl. Schönbucher, 2003, S. 310.

Aus dem Einsetzen von (4.12) folgt

$$(4.15) \quad \int_{-\infty}^{\infty} P_{M \to \infty}\left(\theta = PD(x) \le O / X = x\right)\varphi(x)dx = \int_{-\infty}^{\infty} 1_{\{PD(x) \le O\}}\varphi(x)dx = \int_{-x^*}^{\infty} \varphi(x)dx = \Phi(x^*).$$

Da $PD(x)$ eine abnehmende Funktion in Abhängigkeit von x ist, wird x^* so gewählt, dass $PD(-x^*) = O$ und $PD(x) \le O$ für $x > -x^*$. Einsetzen von $-x^*$ in (4.13) und Umformung ergibt

$$(4.16) \quad PD(-x^*) = O = \Phi\left(\frac{\alpha - \sqrt{\rho}(-x^*)}{\sqrt{1-\rho}}\right) \Rightarrow x^* = \frac{\sqrt{1-\rho}\,\Phi^{-1}(O) - \alpha}{\sqrt{\rho}}.$$

Unter Rückgriff auf (4.5) und (4.15) folgt daraus die Verteilungsfunktion

$$(4.17) \quad P_{M \to \infty}(\theta \le O) = F_\theta(Z) = \Phi\left(\frac{\sqrt{1-\rho}\,\Phi^{-1}(O) - \Phi^{-1}(PD)}{\sqrt{\rho}}\right).$$

Die Dichtefunktion dieser Verlustverteilung nimmt folgende Form an:

$$(4.18) \quad f_{M \to \infty}(\theta) = \sqrt{\frac{1-\rho}{\rho}}\exp\left[-\frac{1}{2\rho}\left(\sqrt{1-\rho}\,\Phi^{-1}(\theta) - \Phi^{-1}(PD)\right)^2 + \frac{1}{2}(\Phi^{-1}(\theta))^2\right].$$

Der Risikobeitrag eines Kredites zum Gesamtportfolio entspricht dem marginalen Credit at Risk $(MCaR)$, d.h. den für ein bestimmtes Signifikanzniveau (q-Quantil) modelltheoretisch vorzuhaltenden Eigenmitteln je Exposureeinheit.[260] Die Höhe der zu unterlegenden Eigenmittel hängt von dem maximal akzeptierten Verlust bzw. der maximal akzeptierten Ausfallquote ab, die bei vorgegebenem q-Quantil $q = P(\theta \le O)$ nicht überschritten wird. Das q-Quantil ergibt sich durch Inversion der Verteilungsfunktion (4.17)

$$(4.19) \quad MCaR = F_\theta^{-1}(q) = \Phi\left(\frac{\Phi^{-1}(PD) + \sqrt{\rho}\,\Phi^{-1}(q)}{\sqrt{1-\rho}}\right).$$

Im betrachteten granularen Portfolio aus Kreditengagements mit homogener Ausstattung und Risiko bildet der $MCaR$ den in Prozent einer Einheit Kredit ausgedrückten CaR ab. Durch Bereinigung um den erwarteten Verlust $EL = PD \cdot LGD$, der grundsätzlich bereits im Kreditpricing berücksichtigt wurde, ergibt sich bei fixierter Kontraktgröße das in Prozent einer Krediteinheit ausgedrückte ökonomische Kapital EC als

$$(4.20) \quad EC = MCaR - EL = MCaR - (PD \cdot LGD).$$

---

[260] Für eine ausführlichere Darstellung der Zusammenhänge siehe Xiao, 2002, S. 33-36.

Bei $LGD = 1$ folgt für das ökonomische Kapital

$$(4.21) \quad EC = \Phi\left(\frac{\Phi^{-1}(PD) + \sqrt{\rho}\Phi^{-1}(q)}{\sqrt{1-\rho}}\right) - PD.$$

Die ermittelte Gleichung des ökonomischen Kapitals kann durch Erweiterung in den IRB-Ansatz überführt werden.[261] Aus dem Vergleich mit der im Juni 2004 vorgeschlagenen Formel des IRB-Ansatzes[262] zur Ermittlung der regulatorischen Kapitalanforderungen RC_r

$$(4.22) \quad RC_r = \left[LGD \cdot \Phi\left(\frac{\Phi^{-1}(PD)}{\sqrt{1-\rho}} + \sqrt{\frac{\rho}{1-\rho}}\Phi^{-1}(0,999)\right) - (PD \cdot LGD) \right] \cdot \frac{(1 + l \cdot (Ma - 2,5))}{1 - 1,5 \cdot l}$$

wird der Zusammenhang deutlich. Der IRB-Ansatz baut auf der dargestellten Konzeption des Ein-Faktor-Modells auf, wobei als relevantes Konfidenzniveau zur Ermittlung des unerwarteten Verlustes 99,9% gewählt wird. Als zusätzliche Erweiterungen werden im IRB-Ansatz die Laufzeit durch

$$(4.23) \quad l = (0,11852 - 0,05478 \cdot Ln(PD))^2$$

und ρ durch

$$(4.24) \quad \rho = 0,12\left(\frac{1 - e^{-50PD}}{1 - e^{-50}}\right) + 0,24\left(\frac{1 - (1 - e^{-50PD})}{1 - e^{-50}}\right) - 0,04\left(1 - \frac{S - 5}{45}\right)$$

in Abhängigkeit von der Ausfallwahrscheinlichkeit modelliert. In diesen Formeln entspricht Ma dem Laufzeitfaktor bzw. der effektiven Restlaufzeit, Ln dem natürlichen Logarithmus und $S \in [5; 50]$ der Unternehmensgröße, repräsentiert durch den Jahresumsatz S (Size) in Millionen Euro.[263] Durch diese Modifikation kann ρ in Abhängigkeit von PD und S zwischen 0,08 und 0,24 variieren, wobei ρ bei konstant gehaltenem S mit fallender Ausfallwahrscheinlichkeit steigt, was im direkten Widerspruch zu empirischen Ergebnissen steht, die Hinweise auf einen positiven Zusammenhang zwischen den Korrelationen und der PD liefern.[264] Im IRB-Basisansatz, der für die folgenden Überlegungen herangezogen wird, ist für den Laufzeit-

---

[261] Gordy, 2000a, 2000b und 2003 führte diesen Zusammenhang in die Literatur ein. Aufgrund der Relevanz für den IRB Ansatz werden Ein-Faktor-Modelle aktuell in unterschiedlichen Arbeiten aufgegriffen, vgl. z.B. Höse/ Huschens 2003, S. 141-156, oder Grundke, 2002, S. 1248-1253.

[262] Vgl. Basel Committee on Banking Supervision, 2004, S. 59-60.

[263] Dabei stellen S = 50 die Obergrenze und S = 5 die Untergrenze dar, die in das Modell einfließen.

[264] Vgl. Carey, 1998, S. 1383-1384, Gersbach/ Lipponer, 2003, S. 363-375 und Zhou, 2001, S. 558-569.

faktor grundsätzlich $Ma = 2,5$ vorgegeben, so dass sich für die Anforderungen folgende Gleichung ergibt:[265]

$$(4.25) \quad RC_r = LGD \cdot \left[\Phi \left(\frac{\Phi^{-1}(PD)}{\sqrt{1-\rho}} + \sqrt{\frac{\rho}{1-\rho}} \Phi^{-1}(0,999) \right) - (PD \cdot LGD) \right] \cdot \frac{1}{1-1,5*l}.$$

Im dargestellten Ein-Faktor-Modell können konjunkturelle Auswirkungen auf das Kreditrisiko unter Rückgriff auf die Unternehmensausfallschwelle α modelliert werden, da die Ausfallschwelle die Ausfallwahrscheinlichkeit der Kreditnehmer und somit auch die Kreditverlustverteilung beeinflusst. Dazu wird ein Faktor Z eingeführt, der die jeweilige makroökonomische Situation repräsentiert, im Zeitablauf konjunkturellen Schwankungen unterliegt und folgendermaßen auf die zeitpunktbezogene Ausfallschwelle α der Unternehmen wirkt:

$$(4.26) \quad \alpha = \alpha_0 - Z.$$

Das in einer makroökonomisch neutralen Situation vorliegende Basisniveau der Ausfallschwelle wird durch α_0 gekennzeichnet. Der jeweilige makroökonomische Einfluss auf die Ausfallschwelle wirkt durch die Variable Z direkt auf die resultierende Ausfallschwelle. Für die Entwicklung von Z wird ein sinuskurvenartiger Verlauf unterstellt, der einen idealtypischen Konjunkturzyklus repliziert.[266] Aus Gründen der Vereinfachung wird von einer langfristigen makroökonomischen Trendentwicklung abstrahiert.[267] Eine Ausprägung des makroökonomischen Faktors von $Z = 0$ repräsentiert somit eine makroökonomisch neutrale Situation, wohingegen $Z > 0$ eine vergleichbar positive und $Z < 0$ eine unterdurchschnittliche makroökonomische Ausprägung kennzeichnet.

In der folgenden Simulationsrechnung wird die jeweilige makroökonomische Situation zu regelmäßigen diskreten Zeitpunkten abgegriffen. Zum Zeitpunkt t ergibt sich das makroökonomische Risiko Z_t somit als im Bogenmaß ausgedrückte Sinusfunktion:

$$(4.27) \quad Z_t = \gamma \cdot \sin \left[2\pi \left(\frac{\beta_t^*}{360^\circ} \right) \right],$$

wobei der Parameter γ das Ausmaß der Schwankung während eines Konjunkturzyklus repräsentiert und

---

[265] Vgl. Basel Committee on Banking Supervision, 2004, S. 68, § 318.
[266] Für eine detailliertere Charakterisierung der Konjunkturkurve siehe Oppenländer, 1995, S. 12-20.
[267] Konjunkturzyklen und somit die Ausprägungen von Z werden als identisch und revolvierend angenommen.

(4.28) $\beta_t^* = \beta_{t-1}^* + 10^*$

gilt.

4.3.2 Kreditrisiko und Bankverhalten

Nachdem die makroökonomische Beeinflussung des Kreditrisikos und der Kapitalanforderungen modelliert ist, gilt es in einem weiteren Schritt den Einfluss auf das Bankverhalten abzubilden. Dazu wird ein einfacher Modellrahmen konzipiert, in dem die Kreditengagements ein homogenes Ausstattungs- und Risikoprofil aufweisen, der Kreditzins einheitlich und exogen gegeben ist, die Kreditvergabe das einzige Geschäftsfeld der Banken darstellt und als ausschließliche Risikogröße das Kreditrisiko zu betrachten ist. Darüber hinaus ist die Eigenmittelausstattung der Kreditinstitute fixiert, d.h. es ist keine kurzfristige Veränderung der Eigenmittel durch Kapitalaufnahme oder Bildung von Rücklagen möglich.[268] Aufgrund dieser Annahmen können die Kreditinstitute das Bankkreditportfoliorisiko ausschließlich durch Anpassung der ausgereichten Kreditvolumina aktiv verändern, was u.a. aufgrund der Granularität der Kreditportfolios jederzeit und uneingeschränkt möglich ist.[269] Um den prozyklischen Effekt des Bankverhaltens einzufangen, wird eine das Angebot übersteigende Nachfrage nach Krediten angenommen, so dass das Kreditangebot der homogen agierenden Banken limitierend wirkt.

Die Kreditinstitute optimieren ihre risikobehaftete Kreditausreichung hinsichtlich zweier Stellgrößen. Einerseits soll ein angestrebtes Niveau der Eigenmittelunterlegung gehalten und andererseits das verfügbare Eigenkapital effizient genutzt werden.[270] Eine adäquate Eigenmittelausstattung ist sowohl aus ökonomischer Sichtweise als auch aufgrund der regulatorischen Anforderungen relevant.[271] Ökonomisch kann durch einen geeigneten Eigenmittelpuffer, der unerwartete Verluste auffängt, ein bestimmtes Solvenzniveau sichergestellt werden. Die jeweils gewählte Eigenmittelunterlegung stellt ein wesentliches Signal der Bank und eine wich-

---

[268] Potentielle Gewinne sind somit vollständig auszuschütten und Verluste werden umgehend ausgeglichen. Diese Annahme erscheint in der Praxis realistisch für Sparkassen und Kreditgenossenschaften, die eine fixierte Eigentümerstruktur und Probleme bei der Neuaufnahme von Eigenmitteln aufweisen, vgl. Nippel, 2004, S. 214. In negativen Marktphasen ist darüber hinaus auch für Banken anderer Rechtsform u.a. aufgrund der bestehenden Informationsasymmetrien die Aufnahme neuer Eigenmittel entweder gar nicht oder nur zu prohibitiven Kosten möglich.

[269] Vgl. Thampy, 2004, S. 14-17 für eine ähnliche Modellierung.

[270] Diese Bedingung wird z.B. auch von Bliss/ Kaufman, 2003, S. 26 formuliert. Estrella verwendet in seiner Modellierung der optimalen Kapitalstruktur ebenfalls diese beiden Bedingungen und zusätzlich die Kosten von Kapitalmaßnahmen, die hier ausgeblendet werden, vgl. Estrella, 2004, S. 1470.

[271] Vgl. Kinder/ Steiner/ Willinsky, 2001, S. 282-285, Bliss/ Kaufman, 2003, S. 24-25.

tige Informationsquelle der Ratingagenturen und des Kapitalmarktes dar.[272] Eine Nichteinhaltung des relevanten ökonomischen Kapitals erhöht das Insolvenzrisiko, verringert das Investorenvertrauen und versperrt potentiell den Zugang zu Swapmärkten mit günstigen Refinanzierungsbedingungen, was sich in den Transaktionskosten der Bank widerspiegelt.[273] Daneben impliziert die Nichteinhaltung der regulatorischen Anforderungen für die Kreditinstitute Nachteile in Form aufsichtlicher Sanktionsmechanismen, die direkte Kosten einer Bestrafung oder indirekte Kosten, z.b. aus einer Einschränkung des Handlungsspielraums, verursachen. Aufgrund der skizzierten Nachteile aus einer Unterschreitung sowohl der ökonomischen als auch regulatorischen Anforderungen sind im Modellrahmen die Kreditinstitute bestrebt, die Kapitalanforderungen jederzeit einzuhalten.[274]

Als zweites Ziel verfolgen die Kreditinstitute im Modellrahmen die Minimierung der Kosten des Eigenkapitals.[275] Unter der Bedingung einer ausreichenden Risikovorsorge streben sie dazu zu jedem Zeitpunkt eine maximale Eigenmittelauslastung in Form ausgereichter Kreditengagements an. Als Reaktion auf eine Veränderung der Kapitalanforderungen im Zeitablauf werden die Kreditinstitute deshalb eine entsprechende Anpassung der Kreditausreichung vornehmen. Da Anpassungen annahmegemäß zeitnah möglich sind, ist keine vorausschauende Planung durch z.B. Bildung eines Kapitalpuffers nötig.[276]

Aus bindend werdenden Kapitalanforderungen resultiert grundsätzlich eine Einschränkung der Kreditvergabe.[277] Um die Eigenmittelanforderungen (Capital Requirements) CR^{PF} des Bankportfolios abzudecken und das angestrebte Niveau des Insolvenzrisikos abzusichern, muss die Bank zu jedem Zeitpunkt t ausreichend Eigenmittel C vorhalten, d.h.

(4.29) $C \geq CR_t^{PF}$.

Da sich die Kapitalanforderung auf Portfolioebene CR_t^{PF} aufgrund des homogenen Profils der Kreditengagements als mit den ausgegebenen Krediteinheiten Y_t multiplizierte prozentuale Kapitalanforderung je Exposureeinheit CR_t^m ergibt, folgt

(4.30) $C \geq CR_t^m \cdot Y_t$.

---

[272] Vgl. Bundesverband deutscher Banken, 2003, S. 6.
[273] Vgl. Diamond/ Rajan, 2000, S. 2433-2445.
[274] Vgl. Jokivuolle/ Peura, 2001, S. 95.
[275] Vgl. Matten, 2000. S. 285-296.
[276] Für Aspekte der vorausschauenden Bildung eines Kapitalpuffers siehe Jackson/ Perraudin/ Saporta, 2002, S. 22-29, Ervin/ Wilde, 2001, S. 31, Milne, 2002, S. 2, , Lowe, 2002, S. 2 und Peura/ Jokivuolle, 2004, S. 1805.
[277] Vgl. Berger/ Herring/ Szegö, 1995, S. 425.

Um einer im Zeitablauf veränderten Kapitalanforderung gerecht zu werden, ist bei konstanten Eigenmitteln C eine Anpassung der ausgereichten Krediteinheiten Y_t nötig, so dass folgende Ungleichung erfüllt wird:

(4.31) $\quad Y_t \leq \dfrac{C}{CR_t^m}$.

Um die Kosten des Eigenkapitals zu minimieren und einen effizienten Einsatz zu gewährleisten, wird die Bank jeweils das Verhältnis von Eigenmitteln zu übernommenen Kreditrisiken so austarieren, dass

(4.32) $\quad C = CR_t^{PF} = CR_t^m \cdot Y_t$

gilt. In jeder Periode t werden somit exakt so viele Kreditengagements ausgereicht, wie es bei Einhaltung der Kapitalanforderungen möglich ist

(4.33) $\quad Y_t = \dfrac{C}{CR_t^m}$.

Im Zeitablauf wird die Bank aufgrund der konstant gehaltenen Eigenmittel C auf sich verändernde Kapitalanforderungen mit einer entsprechenden Anpassungen von Y reagieren, um die Gleichung (4.33) einzuhalten. Für die jeweilige Anpassung der ausgereichten Krediteinheiten gilt

(4.34) $\quad Y_t - Y_{t-1} = \dfrac{C}{CR_t^m} - \dfrac{C}{CR_{t-1}^m}$.

Der negative Einfluss der Kapitalanforderungen auf die Kreditausreichung lässt sich anhand der partiellen Ableitung zeigen:

(4.35) $\quad \dfrac{\delta Y_t}{\delta CR_t^m} = -\dfrac{C}{\left(CR_t^m\right)^2} < 0$.

Der aus mikroökonomischer Perspektive dargestellte Zusammenhang kann auf die Betrachtung des gesamten Bankensystems ausgeweitet werden, wenn unterstellt wird, dass sich die einzelnen Kreditinstitute in vergleichbarer Weise verhalten. Die jeweilige makroökonomische Situation wirkt in diesem Fall auf das Kreditrisiko und somit die risikosensitiven Eigenmittelanforderungen sämtlicher Banken, die darauf mit einer vergleichbaren Anpassung der Kreditvolumina reagieren und im Kollektiv potentiell die makroökonomische Situation beeinflussen.

Es entsteht somit ein Kreislauf, der zu einem selbstverstärkenden prozyklischen makroökonomischen Effekt führen kann.[278]

Da von einem zeitverzögerten Einfluss der in der Ökonomie ausgereichten Kreditvolumina auf die makroökonomische Entwicklung auszugehen ist, wird unterstellt, dass sich die Wirkung einer veränderten Kreditausreichung jeweils in der Folgeperiode zeigt. Als Basisgröße wird ein Grundvolumen der Kreditausreichung $\overline{Y}$ definiert, das annahmegemäß eine makroökonomisch neutrale Wirkung impliziert. Abweichungen von $\overline{Y}$ wirken sich auf die makroökonomische Situation in der Folgeperiode aus. Übersteigt das tatsächliche Kreditvolumen in der Vorperiode das Basisvolumen $Y_{t-1} > \overline{Y}$, impliziert dieser Zusammenhang eine positive makroökonomische Auswirkung in t, während $Y_{t-1} < \overline{Y}$ einen negativen Effekt auf die makroökonomische Entwicklung hat. Im zweiten Teil der folgenden Gleichung wird die in (4.27) skizzierte grundsätzliche makroökonomische Schwankung um den Einfluss der Kreditvolumina erweitert:

$$(4.36) \quad Z_t = \gamma \cdot \sin\left[2\pi\left(\frac{\beta_t^\circ}{360^\circ}\right)\right] + \omega \cdot \left(Y_{t-1} - \overline{Y}\right),$$

wobei ω einen nicht negativen Gewichtungsfaktor darstellt, der das Ausmaß der endogenen Wirkung des Kreditgewerbes einfängt. Aufgrund von $\omega > 0$ wird der positive Einfluss der jeweiligen Kreditvolumina auf den makroökonomischen Faktor in der Folgeperiode deutlich:

$$(4.37) \quad \frac{\delta Z_t}{\delta Y_{t-1}} = \omega > 0.$$

Aus den skizzierten Einflussgrößen und Zusammenhängen lässt sich ein Modellrahmen entwickeln, in dem der durch den Parameter Z repräsentierte makroökonomische Zustand die Ausfallschwelle α und somit die Ausfallwahrscheinlichkeit PD der Kreditnehmer beeinflusst. Das resultierende Kreditrisiko wirkt sich wiederum auf die risikosensitiven Kapitalanforderungen CR der Kreditinstitute, d.h. das ökonomische Kapital EC und die regulatorischen Anforderungen im IRB-Ansatz RC_r aus. Die Kreditinstitute reagieren auf die jeweiligen Kapitalanforderungen mit einer Anpassung der Kreditausreichung Y, die zeitverzögert auf die makroökonomische Situation zurückwirkt. Somit bildet sich ein Kreislauf aus, in dem der Zusammenhang zwischen dem Verhalten der Kreditinstitute und der konjunkturellen Entwick-

---

[278] Vgl. zu dieser Problematik auch Schlick, 1994, S. 131-135.

lung während eines makroökonomischen Zyklus untersucht werden kann. Abbildung 4.2 skizziert die Zusammenhänge im herausgearbeiteten Modellrahmen, wobei die Wirkungspfeile jeweils aufzeigen, ob ein positiver bzw. negativer Einfluss besteht.

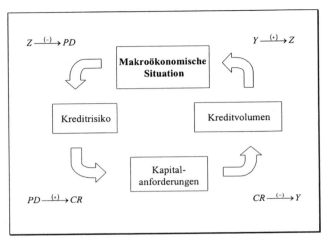

Abb. 4.2: Zusammenhänge der Modellkonzeption

4.3.3 Zyklische Entwicklung historischer Ausfallraten: Empirische Kalibrierung des Ein-Faktor-Modells

Um das Modell auf den tatsächlichen Verlauf in der Realität zu kalibrieren und empirisch fundierte Aussagen treffen zu können, gilt es die Entwicklung von Z so zu modellieren, dass unter Berücksichtigung des stilisierten, idealtypischen Verlaufs eine möglichst exakte Approximation der tatsächlichen Risikoentwicklung erfolgt. Da nur begrenzt längerfristige Zeitreihen existieren, die die Entwicklung der Kreditnehmerausfallwahrscheinlichkeiten in Deutschland abbilden,[279] wird im Folgenden auf die von Moody's ermittelten Ausfallwahrscheinlichkeiten öffentlich notierter Anleihen für den Zeitraum von 1986 bis 1995, d.h. einen vollständigen Konjunkturzyklus, zurückgegriffen.[280] Um das durchschnittliche Kreditrisiko innerhalb eines Bankportfolios zu approximieren, wird für jedes Betrachtungsjahr der aggregierte Wert

[279] Creditreform bietet für den deutschen Raum einen Überblick, wobei aufgrund der kurzen Datenhistorie noch kein vollständiger Kredit- bzw. Konjunkturzyklus abgebildet wird, vgl. Lawrenz/ Schwaiger, 2002, S. 19. Eine Analyse des Bundesverbandes deutscher Banken kann ebenfalls nur auf Daten für die Jahre 1999-2003 zurückgreifen, vgl. Bundesverband deutscher Banken, 2003, S. 2-6.
[280] Vgl. Keenan/ Carty/ Hamilton, 2001, S. 372. Aufgrund der größeren Grundgesamtheit erscheinen diese Ausfallraten öffentlich notierter Anleihen von weitgehend US-amerikanischen Emittenten robuster als Ausfallraten, die ausschließlich europäische Emittenten berücksichtigen, vgl. Varma/ Ziegler, 2003, S. 10.

aller Schuldner (All Corporates) herangezogen, wodurch aufgrund der großen Datenzahl auch die Gefahr von Verzerrungen verringert wird.

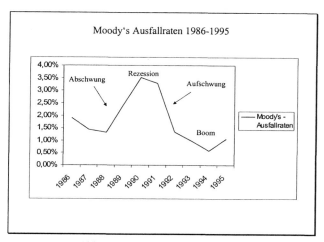

Abb. 4.3: Ausfallraten 1986-1995

Die Entwicklung der durchschnittlichen Ausfallraten[281] sämtlicher Schuldner während dieser Periode ist in Abbildung 4.3 dargestellt. Die Ausfallraten weisen deutliche intertemporale Veränderungen und einen zyklischen Verlauf auf.

Für Deutschland liegt keine ausreichende Datenhistorie der Ausfallraten kreditfinanzierter Schuldner vor. Jedoch kann ein zyklischer Risikoverlauf auch für Deutschland gezeigt werden, indem die Ausfallraten durch Unternehmensinsolvenzraten ersetzt werden. Als kurzer Exkurs wird deshalb auf Daten des Statistischen Bundesamtes zurückgegriffen, welche die Insolvenzhäufigkeiten deutscher Unternehmen von 1965 bis 1992 einfangen.[282] Die folgende Abbildung 4.4 zeigt die jährliche Entwicklung der Insolvenzhäufigkeiten für diesen langen Betrachtungshorizont von 28 Jahren.

---

[281] Die ermittelten Ausfallraten stellen auf den Emittentenausfall ab, der bei Verzögerung oder Ausfall fälliger Zahlungen eintritt, vgl. Keenan/ Carty/ Hamilton, 2001, S. 352. Die jeweilige Ausfallrate ergibt sich durch Division der Anzahl ausgefallener Emittenten durch die Anzahl der Emittenten, die innerhalb des betrachteten Zeitraums einen Zahlungsausfall erleiden hätten können, vgl. Varma/ Ziegler, 2003, S. 10.
[282] Die Insolvenzhäufigkeit unterscheidet sich definitorisch von der Ausfallrate. Sie ermittelt sich im jeweiligen Jahr durch Division der Anzahl im Betrachtungsjahr insolvent gewordener deutscher Unternehmen durch die Gesamtzahl der Unternehmen zu Beginn des Betrachtungsjahres.

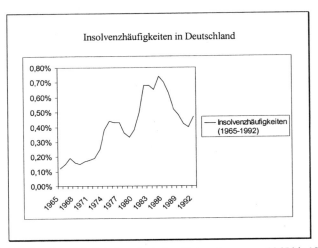

Abb. 4.4: Insolvenzhäufigkeiten deutscher Unternehmen von 1965 bis 1992

Aus dem Verlauf können zwei aufeinander folgende Zyklen identifiziert werden. Der erste ist ca. in der Zeit von 1967 bis 1981 anzusiedeln, wobei der Höhepunkt der Ausfallraten 1975 bis 1977 auftritt. Der zweite Zyklus startet im Anschluss, findet die höchsten Ausfallraten in den Jahren 1983-1985 und endet ungefähr mit dem Betrachtungshorizont 1992. Besonderheit dieses zweiten Zyklus ist, dass die Ausfallraten ausgehend vom ersten Höhepunkt im Jahr 1983 im Folgejahr kurzfristig zurückgehen, um dann 1985 einen zweiten Höchststand zu markieren. Losgelöst von den Zyklen ist aus der langfristigen Betrachtung ersichtlich, dass die absolute Höhe der Ausfallraten mit der Zeit ansteigt, d.h. eine Trendentwicklung vorliegt. Offensichtlich wird aber auch, dass die absoluten Ausprägungen der Insolvenzraten niedriger als die Kreditausfallraten sind. Dennoch kann auch aus dieser Datenreihe eine zyklische Entwicklung des Risikos festgestellt werden.

Im Folgenden wird die Modellkonzeption so kalibriert, dass der Verlauf der Moody's-Ausfallraten approximiert wird. Als Grundlage der empirischen Kalibrierung dient der Basisfall mit einer Kreditausreichung von $\overline{Y}$. Da unterstellt werden kann, dass sich die Kreditinstitute im Betrachtungszeitraum weitgehend an konstanten volumenbasierten Kapitalanforderungen orientiert haben, soll sich $\overline{Y}$ an den Kapitalanforderungen RC_c im Rahmen der bisherigen regulatorischen Regelungen (Basel I) orientieren, die grundsätzlich einen konstanten Wert der

Kapitalanforderungen von 8% für Unternehmenskredite, d.h. $RC_c^m = 0,08$, definieren. Für die jeweiligen Kapitalanforderungen des Bankkreditportfolios folgt daraus

(4.38) $CR_t^{PF} = RC_c^{PF} = RC_c^m \cdot Y_t^c$,

wobei Y^c die ausgegebenen Krediteinheiten bei limitierenden Kapitalanforderungen von 8% bezeichnet.

Aufgrund der konstanten regulatorischen Anforderungen im Konjunkturzyklus resultiert im Analyserahmen keine Variation der Kreditvolumina im Zeitablauf, d.h. $Y_t^c - Y_{t-1}^c = 0$ und die Kreditausreichung beträgt zu jedem Zeitpunkt t

(4.39) $\overline{Y} = Y_t^c = Y_{t-1}^c = Y^c = \dfrac{C}{RC_c^m} = \dfrac{C}{0,08} = 12,5 \cdot C$.

Der Verlauf von Z ergibt sich aufgrund von $Y_t^c = \overline{Y}$ durch die zyklische Grundschwankung

(4.40) $Z_t = \gamma \cdot \sin\left[2\pi\left(\dfrac{\beta_t^*}{360^\circ}\right)\right] + \omega \cdot \left(Y_t^c - \overline{Y}\right) = \gamma \cdot \sin\left[2\pi\left(\dfrac{\beta_t^*}{360^\circ}\right)\right]$.

Dieser Basisfall des Modellrahmens wird nun so kalibriert, dass der empirische Verlauf der Ausfallraten im betrachteten Zeitraum von 1986-1995 approximiert wird. Durch die Wahl von $\gamma = 0,34$ und $a_0 = -2,15$ in (4.26), d.h.

(4.41) $\alpha = -2,15 - Z$

und

(4.42) $Z_t = 0,34 \cdot \sin\left[2\pi\left(\dfrac{\beta_t^*}{360^\circ}\right)\right]$,

folgt ein Verlauf der Insolvenzschwellen im Konjunkturzyklus, bei dem α im Boom einen Wert von $(-2,49)$ und in der Rezession einen Wert von $(-1,81)$ annimmt: $\alpha \in [-1,81; -2,49]$.

In makroökonomischen Boomzeiten ist die Ausfallschwelle somit erheblich geringer als während rezessiver Zeiten. Eingesetzt in (4.5) ergeben sich daraus Werte der Ausfallwahrscheinlichkeit PD, die sich in Abhängigkeit von der jeweiligen Ausprägung des systematischen Faktors zwischen 0,64% in der Hochphase des Booms und 3,51% in der Tiefphase der Rezession bewegen.

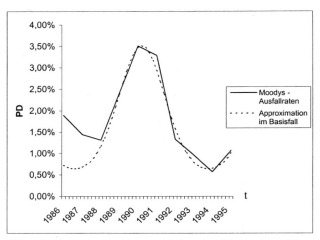

Abb. 4.5: Approximation der empirischen Ausfallratenentwicklung

Die Gegenüberstellung der mit diesem Verfahren ermittelten bedingten Ausfallwahrscheinlichkeiten mit den empirisch festgestellten Moody's-Ausfallraten in Abbildung 4.5 zeigt, dass
die ermittelten Werte dem tatsächlichen Verlauf sehr nahe kommen. Die Qualität der Approximation ist bereits visuell gut zu erkennen. Eine quantitative Bestätigung liefert eine Korrelationsanalyse der Ausprägungen zu den einzelnen Zeitpunkten, die mit einer Korrelation von
0,913 einen ausgesprochen starken, auf einem Signifikanzniveau von 0,01 zweiseitig signifikanten Zusammenhang aufweist.[283]

4.4 Analyse der Prozyklizitätsproblematik

4.4.1 Simulation der prozyklischen Wirkung risikosensitiver
Kapitalanforderungen

Während in der Vergangenheit primär die konstanten Kapitalanforderungen im Rahmen von
Basel I limitierend bzw. bindend wirkten, werden zukünftig zunehmend im Zeitablauf variable, zeitpunktbezogene Anforderungen für die Kreditinstitute relevant sein. Falls das Bankverhalten nicht durch die konstanten regulatorischen Anforderungen im Basisfall, sondern das
risikosensitive zeitlich variierende ökonomische Kapital beeinflusst wird, folgt

$$(4.43) \quad CR_t^{PF} = EC_t^{PF} = EC_t^m \cdot Y_t^e,$$

[283] Die Korrelationsanalyse wurde mit Hilfe von SPPS Version 11.0 durchgeführt.

wobei Y_t^e das jeweilige Kreditvolumen bei Berücksichtigung des ökonomischen Kapitals bezeichnet. Das zum Zeitpunkt t ausgereichte Kreditvolumen ergibt sich in Abhängigkeit vom erforderlichen ökonomischen Kapital als

(4.44) $\quad Y_t^e = \dfrac{C}{EC_t^m}$.

Eine Abweichung der jeweiligen Kreditausreichung vom Basisvolumen $\overline{Y}$ impliziert somit im Modellrahmen einen endogenen Effekt auf die Makroökonomie gemäß folgender Gleichung

$$(4.45) \quad Z_t = \gamma \cdot \sin\left[2\pi\left(\frac{\beta_t^*}{360^\circ}\right)\right] + \omega \cdot \left(Y_t^e - \overline{Y}\right) = 0{,}34 \cdot \sin\left[2\pi\left(\frac{\beta_t^*}{360^\circ}\right)\right] + \omega \cdot \left(Y_t^e - \overline{Y}\right).$$

Die endogene Wirkung der Kreditvergabevolumina kann in einem iterativen Verfahren in den Simulationsrahmen integriert werden. Zu jedem Zeitpunkt t des Konjunkturzyklus wird die makroökonomische Situation gemäß (4.45) festgestellt und mittels (4.41) und (4.5) zur Bestimmung der Kreditnehmerausfallwahrscheinlichkeiten verwendet. Die *PD* dient dann in (4.21) zur Ermittlung des ökonomischen Kapitals, das gemäß (4.44) das ausgereichte Kreditvolumen determiniert. Diese Kreditausreichung beeinflusst die makroökonomische Situation in der Folgeperiode, die selbst wiederum die Implikationen gemäß des skizzierten Verfahrens hat. Ausgehend von der Ausfallwahrscheinlichkeit in der ersten Periode kann somit der endogene Effekt im gesamten betrachteten Konjunkturzyklus berücksichtigt werden.

Im Folgenden sollen die aus der skizzierten Konzeption resultierenden makroökonomischen Auswirkungen anhand der Ausfallraten graphisch aufgezeigt werden. Dazu werden die in der Ökonomie verfügbaren Eigenmittel auf $C = 1$ und der Gewichtungsfaktor auf $\omega = 0{,}01$ normiert. Abweichende positive Ausprägungen ändern lediglich das Ausmaß des grundsätzlichen Effektes.[284]

In Abbildung 4.6 ist die aus der endogenen makroökonomischen Beeinflussung resultierende Entwicklung der Ausfallraten im Vergleich zu den tatsächlichen Moody's-Ausfallraten abgetragen.[285] Es ist ersichtlich, dass die Berücksichtigung des ökonomischen Kapitals zu einer ausgeprägten makroökonomischen Verstärkung führt. In schlechten makroökonomischen Zei-

---

[284] Es ist jedoch anzumerken, dass für große Ausprägungen von ω die Modellkonzeption im Zeitablauf instabil wird.
[285] Die Darstellung erfolgt für $\rho = 0{,}2$ und ein Signifikanzniveau des ökonomischen Kapitals von 0,99.

ten übersteigen die resultierenden Ausfallwahrscheinlichkeiten deutlich die Ausfallraten im Basisfall, während sie in guten Zeiten niedriger ausfallen.

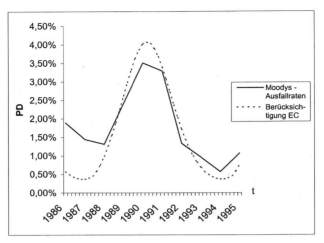

Abb. 4.6: Ausfallraten mit prozyklischer Beeinflussung auf Basis des ökonomischen Kapitals

Der prozyklische Effekt kann auch verdeutlicht werden, wenn der makroökonomische Faktor Z und die korrespondierenden Ausprägungen von PD und EC für unterschiedliche Zeitpunkte zwischen Boom und Rezession gegenübergestellt werden.

	Z (EC)	PD	EC (CaR 99%)
Boom	0,53	0,4%	3,0%
↑	0,28	0,8%	5,3%
	0,00	1,6%	9,1%
↓	-0,27	3,0%	14,3%
Rezession	-0,41	4,1%	17,6%

Tab. 4.1: Ökonomisches Kapital bei prozyklischer Beeinflussung durch das Kreditgewerbe

Die makroökonomische Entwicklung schwankt mit Z-Werten zwischen $(-0,41)$ und $(0,53)$ im Konjunkturzyklus deutlich stärker als im Basisfall $[-0,34;0,34]$, was entsprechende Auswirkungen auf PD und EC hat. Die Bandbreite des ökonomischen Kapitals liegt zwischen 3,0% im Boom und 17,6% in der Rezession und ist damit ebenfalls ausgeprägter als im Basisfall $(4,6\% - 16\%)$, in dem ausschließlich die konstanten Kapitalanforderungen das Bankverhalten beeinflussen. Im Vergleich zu den bisherigen regulatorischen Anforderungen von 8% als mittlere Ausprägung schwankt das hier ermittelte ökonomische Kapital deutlich zwischen $(-62,5\%)$ und $(+220\%)$.

Als weiterer Schritt sollen die Auswirkungen untersucht werden, falls die Kreditinstitute ihre Kreditausreichung ausschließlich an den Anforderungen des risikosensitiven IRB-Basisansatzes RC_r ausrichten, d.h.

(4.46) $\quad CR_t^{PF} = RC_r^{PF} = RC_r^m \cdot Y_t^r$.

Y_t^r bezeichnet die zeitlich variierende Kreditausreichung bei Rückgriff auf die regulatorischen IRB-Anforderungen, die sich als

(4.47) $\quad Y^r = \dfrac{C}{RC_r^m}$

ergibt.[286]

Die jeweiligen Kreditvolumina beeinflussen wiederum die makroökonomische Situation, d.h.

(4.48) $\quad Z_t = \gamma \cdot \sin\left[2\pi\left(\dfrac{\beta_t^*}{360^\circ}\right)\right] + \omega \cdot \left(Y_t^r - \overline{Y}\right) = 0,34 \cdot \sin\left[2\pi\left(\dfrac{\beta_t^*}{360^\circ}\right)\right] + \omega \cdot \left(Y_t^r - \overline{Y}\right)$.

Vergleichbar der obigen Darstellung kann die prozyklische Wirkung dieser Konstellation im Modellrahmen berücksichtigt und analysiert werden. In Abbildung 4.7 ist der resultierende Verlauf der Ausfallraten im betrachteten Konjunkturzyklus angegeben.

Zunächst ist eine ausgeprägtere Schwankung im Vergleich zu den ursprünglichen Moody's-Ausfallraten zu erkennen. Im Modellrahmen führen die risikosensitiven IRB-Kapitalanforderungen somit zu einer prozyklischen Verstärkungswirkung im Vergleich zum Basisfall. Aus dem Vergleich mit der Abbildung 4.6 wird jedoch auch deutlich, dass die prozyklische Wirkung erheblich geringer ausfällt als bei der Berücksichtigung des ökonomischen Kapitals.

---

[286] Herangezogen werden die regulatorischen Kapitalanforderungen im IRB Basisansatz für unbesicherte Unternehmen mit $S > 50$ und $LGD = 0,45$.

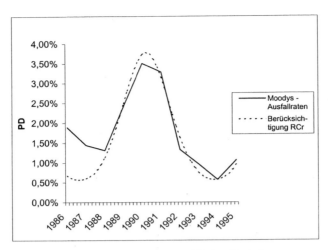

Abb. 4.7: Ausfallraten mit prozyklischer Beeinflussung
auf Basis der IRB-Anforderungen

In der folgenden Tabelle sind wiederum für ausgewählte Zeitpunkte im Konjunkturzyklus die resultierenden makroökonomischen Ausprägungen, Ausfallraten und regulatorischen Kapitalanforderungen im IRB-Basisansatz angegeben.

	Z (RCr)	PD	RCr (S > 50)
Boom	0,38	0,57%	5,9%
↑	0,19	0,96%	7,3%
	0,00	1,59%	8,6%
↓	-0,19	2,49%	9,8%
Rezession	-0,37	3,78%	11,0%

Tab. 4.2: Regulatorische IRB-Anforderungen bei prozyklischer Beeinflussung

Der makroökonomische Faktor Z schwankt zwischen Rezession und Boom mit $[-0,37; 0,38]$ etwas stärker als im Basisfall. Die makroökonomische Verstärkungswirkung spiegelt sich auch in den regulatorischen IRB-Kapitalanforderungen RC_r wider, die zwischen 5,9% und 11,0% betragen. Ohne Berücksichtigung der makroökonomischen Verstärkungswirkung würden sie sich lediglich von 6,2% bis 10,8% bewegen.

Im Vergleich zu den bisherigen konstanten Kapitalanforderungen von 8% lässt sich sogar eine Schwankungsverstärkung von $(-26,3\%)$ bzw. $(+37,5\%)$ festhalten. Andererseits weisen die regulatorischen IRB-Anforderungen eine geringere Schwankungsbreite als das ökonomische Kapital auf, das sich auf 3% bis 17,6% beläuft. Maßgeblich für die jeweilige makroökonomische Beeinflussung ist im Modellrahmen die Entwicklung der ausgereichten Kreditvolumina, die in Abbildung 4.8 für die drei fokussierten Fälle verdeutlicht wird.

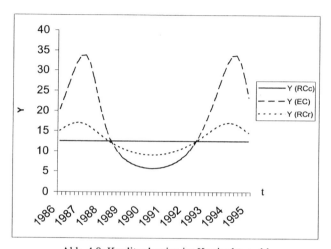

Abb. 4.8: Kreditvolumina im Konjunkturzyklus

Während die ausschließliche Berücksichtigung der konstanten Kapitalanforderungen RC_c ein im Zeitablauf konstantes Kreditvolumen von $12,5 \cdot C$ impliziert, variiert die Kreditausreichung bei den risikosensitiven Anforderungen in Abhängigkeit von der makroökonomischen Situation, wobei die Schwankungsintensität bei Berücksichtigung des ökonomischen Kapitals EC ausgeprägter als im Fall der IRB-Anforderungen RC_r ist. Der jeweilige makroökonomische Effekt wird aus dem Verlauf des Faktors Z ersichtlich, der in Abbildung 4.9 für die drei betrachteten Fälle gegenübergestellt ist.

Aus der Berücksichtigung der risikosensitiven IRB-Anforderungen RC_r resultiert eine vergleichbar ausgeprägtere Zyklizität als im Basisfall mit RC_c. Die prozyklische Wirkung zeigt sich darin, dass makroökonomische Boomzeiten positiv und rezessive Phasen negativ verstärkt werden. Falls das ökonomische Kapital als relevante Größe herangezogen wird, ist eine nochmals ausgeprägtere Schwankung des makroökonomischen Faktors Z im Konjunkturzyklus zu identifizieren.

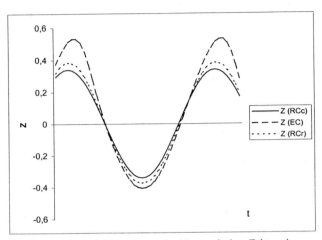

Abb. 4.9: Entwicklung des makroökonomischen Faktors im
Konjunkturzyklus

Als Zwischenfazit kann in Übereinstimmung mit den Ergebnissen von Heid (2003)[287] festgehalten werden, dass im Modellrahmen die Berücksichtigung risikosensitiver Kapitalanforderungen im Vergleich zu konstanten, vom Risiko unabhängigen Anforderungen, eine makroökonomische Verstärkung impliziert. Der prozyklische Effekt wirkt sich auf alle betrachteten Bereiche, d.h. auch auf die Ausfallwahrscheinlichkeiten und die Kreditvergabe in den Folgeperioden, aus und ist für das ökonomische Kapital ausgeprägter als für die regulatorischen Anforderungen im IRB-Basisansatz. Da in der Realität jedoch beide Verfahren grundsätzlich nicht alternativ eingesetzt werden, gilt es im nächsten Kapitel, die Auswirkungen einer simultanen Berücksichtigung zu untersuchen.

---

[287] Vgl. Heid, 2003, S. 3-14.

114

4.4.2 Die Auswirkungen einer simultanen Berücksichtigung ökonomischer und regulatorischer Kapitalanforderungen

4.4.2.1 Interdependenzen zwischen ökonomischen und regulatorischen Kapitalanforderungen

Kreditinstitute beachten in ihrer Risikodisposition grundsätzlich sowohl die regulatorischen Anforderungen als auch das ökonomische Kapital, so dass die jeweils übersteigende Größe $max[EC; RC]$ als bindend anzusehen ist. Die Steuerung orientiert sich meist am ökonomischen Kapital, berücksichtigt aber die regulatorischen Anforderungen als zwingende Nebenbedingung. Sobald die regulatorischen Anforderungen das ökonomische Kapital übersteigen, muss die Bank diese Anforderungen beachten.[288] Um somit den prozyklischen Effekt einer Berücksichtigung der risikosensitiven IRB-Anforderungen anstatt der konstanten 8% im Rahmen von Basel I zu beleuchten, gilt es, nicht nur einen direkten Vergleich der alten und zukünftigen regulatorischen Anforderungen durchzuführen, sondern vielmehr das Zusammenspiel mit EC einzubeziehen, so dass im Folgenden die beiden Kombinationen aus RC_c und EC sowie RC_r und EC unterschieden werden.

Das ökonomische Kapital hängt stark von der kreditinstitutsspezifischen Modellierung und der Wahl der Inputfaktoren ab.[289] Im Unterschied zum IRB-Basisansatz, in dem das Kreditrisikomodell und der Großteil der Inputfaktoren aufsichtlich vorgegeben sind, besteht in der Ermittlung des ökonomischen Kapitals grundsätzlich uneingeschränkte Wahl- und Methodenfreiheit. Über bestimmte Inputfaktoren, wie z.B. die Korrelationsannahmen, liegen noch wenig empirisch fundierte Aussagen vor, so dass nicht abschließend zu klären ist, welche Ausgestaltung überlegen ist.[290] Da die jeweilige Ausprägung des ökonomischen Kapitals somit modell- und parameterabhängig ist, sollen im Folgenden zunächst in einer Fallunterscheidung sämtliche möglichen Konstellationen hinsichtlich des Zusammenspiels mit den regulatorischen Anforderungen untersucht werden. Von Interesse ist es zu identifizieren, wie sich in den unterschiedlichen Situationen die Einführung der risikosensitiven regulatorischen IRB-Anforderungen an Stelle der konstanten 8%-Hürde auf das Prozyklizitätsproblem auswirkt. Die Analyse fokussiert sich aufgrund der bisherigen Ergebnisse auf die konjunkturell positive Boomphase und die negative rezessive Zeit.

---

[288] Vgl. Scheidl, 1995, S. 791-792.

[289] Vgl. zu dieser Problematik auch Hamerle/ Rösch, 2003, S. 4-5 oder Arvanitis/ Gregory, 2001, S. 63-66.

[290] So werden in der Praxis z.B. unterschiedliche Verfahren zur Schätzung der Korrelationen eingesetzt, vgl. Duffie/ Singleton, 2003, S. 229-249.

In folgender Abbildung sind gemäß den bisherigen Analyseergebnissen der Verlauf von RC_c und RC_r eingezeichnet, wobei im linken Teil der Abbildung die konjunkturell positive Zeit und rechts die rezessive Phase dargestellt ist. Darüber hinaus sind jeweils die möglichen Bereiche nummeriert, in denen sich das ökonomische Kapital bewegen kann.

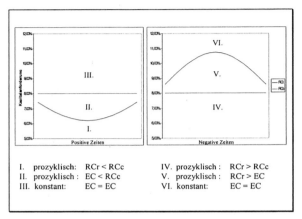

I. prozyklisch: RCr < RCc   IV. prozyklisch : RCr > RCc
II. prozyklisch : EC < RCc   V. prozyklisch : RCr > EC
III. konstant: EC = EC   VI. konstant: EC = EC

Abb. 4.10: Zusammenhang zwischen regulatorischen und
ökonomischen Kapitalanforderungen

Für jeden potentiellen Bereich des ökonomischen Kapitals (I.,...,VI.) wird die prozyklische Auswirkung eines Wechsels von den regulatorischen 8%-Anforderungen auf den IRB-Basisansatz untersucht, wobei jeweils nur die bindenden Anforderungen $\max[EC; RC_c]$ bzw. $\max[EC; RC_r]$ das Bankverhalten beeinflussen. Falls die bindenden Anforderungen bei $\max[EC; RC_r]$ im Vergleich zu $\max[EC; RC_c]$ in positiven konjunkturellen Zeiten abnehmen und in rezessiven Phasen ansteigen, kann in diesem Sinne eine prozyklische Wirkung des Wechsels der regulatorischen Anforderungen von RC_c zu RC_r vermutet werden. In der Abbildung ist für die sechs potentiellen Bereiche des ökonomischen Kapitals jeweils die bindende Anforderung bei Einsatz des IRB-Basisansatzes, d.h. $\max[EC; RC_r]$, der relevanten Anforderung in der bisherigen Ausgestaltung, d.h. $\max[EC; RC_c]$, gegenübergestellt und gekennzeichnet, ob sich aus der Veränderung eine prozyklische Tendenz ableiten lässt.

Festgehalten werden kann, dass es durch den Wechsel zu den IRB-Anforderungen in keiner Konstellation zu einer antizyklischen Auswirkung kommt. Die alternative Verwendung des

IRB-Basisansatzes anstelle der konstanten regulatorischen Anforderungen in Höhe von 8% führt in einigen Fällen zu einer prozyklischen Verstärkung und teilweise resultieren keine Veränderungen, da EC bindend ist und die Modifikation der regulatorischen Anforderungen für das Bankverhalten vernachlässigt werden kann.

4.4.2.2 Analyse im Modellrahmen

Als weiterer Schritt sollen im Modellrahmen exemplarisch die Auswirkungen der neuen regulatorischen Eigenmittelanforderungen unter Berücksichtigung des in dieser Arbeit definierten ökonomischen Kapitals untersucht werden.[291] Für die Kreditinstitute ist annahmegemäß jeweils das Maximum der regulatorischen und ökonomischen Anforderungen bindend, so dass sich die vorzuhaltenden Eigenmittel folgendermaßen ermitteln:

$$(4.49) \quad C = \max\left[EC_t^{PF}, RC_t^{PF}\right].$$

Zunächst soll der Fall untersucht werden, in dem die Eigenmittelunterlegung an dem Maximum von EC und den konstanten regulatorischen Anforderungen RC_c ausgerichtet wird, d.h.

$$(4.50) \quad C = \max\left[EC_t^m, RC_c^m\right] \cdot Y_t^b.$$

Das ausgereichte Kreditvolumen Y_t^b orientiert sich somit ebenfalls an der jeweils als bindend zu betrachtenden höheren Anforderung und ergibt sich als

$$(4.51) \quad Y_t^b = \frac{C}{\max\left[EC_t^m, RC_c^m\right]}.$$

Falls $EC_t^m > RC_c^m$ gilt, folgt $Y_t^b = \dfrac{C}{EC_t^m}$ und das ökonomische Kapital determiniert das Bankverhalten, während die regulatorischen Anforderungen keinen limitierenden Faktor darstellen. Die Banken beachten in dieser Situation das ökonomische Kapital und weisen dadurch einen Kapitalpuffer über den regulatorischen Anforderungen auf. Falls im Gegensatz dazu $EC_t^m < RC_c^m$ gilt, ergibt sich das ausgereichte Kreditvolumen gemäß $Y_t^b = \dfrac{C}{RC_c^m}$ in Abhängigkeit von den limitierenden regulatorischen Anforderungen.

---

[291] Das Signifikanzniveau des EC beträgt 99% und die Korrelation $\rho = 0{,}2$. Das regulatorische Kapital wird durch die starren Anforderungen des bisherigen Baseler Akkords bzw. den risikosensitiven IRB Basisansatz mit $S > 50$ und $LGD = 0{,}45$ ermittelt.

Die Berücksichtigung dieser Zusammenhänge im Simulationsrahmen führt zu folgender Entwicklung der jeweils relevanten Kapitalanforderungen und des makroökonomischen Faktors Z im Konjunkturzyklus.

	Z (max[EC;RCc])	PD	max[EC;RCc]	RCc vs. EC
Boom	0,32	0,68%	8,0%	RCc
↑	0,17	1,02%	8,0%	RCc
↓	0,00	1,59%	9,2%	EC
	-0,27	2,99%	14,3%	EC
Rezession	-0,41	4,07%	17,6%	EC

Tab. 4.3: Ökonomisches Kapital und konstante regulatorische
Kapitalanforderungen

Es ist ersichtlich, dass in positiven konjunkturellen Zeiten jeweils RC_c das Bankverhalten limitiert. Im Gegensatz dazu übersteigt EC die konstanten 8%- Anforderungen in schlechteren makroökonomischen Phasen und beschränkt die Kreditausreichung. Der Vergleich mit der Entwicklung bei ausschließlicher Berücksichtigung von EC in Tab. 4.1 verdeutlicht, dass die Schwankung der relevanten Kapitalanforderungen im Konjunkturzyklus von $(3\% - 17,6\%)$ auf $(8\% - 17,6\%)$ verringert wird, da in guten ökonomischen Phasen RC_c greift und eine exzessive Kreditausreichung verhindert.

In rezessiven Phasen besteht dagegen kein relevanter Unterschied zwischen den beiden Ansätzen, da jeweils EC die Kreditvergabe determiniert. Der Zusammenhang ist auch aus der Entwicklung des ökonomischen Faktors Z ersichtlich, der sich nur noch zwischen $[-0,42; 0,32]$ anstatt $[-0,42; 0,53]$ bei ausschließlicher Berücksichtigung des ökonomischen Kapitals bewegt. Im Vergleich zu der isolierten Beachtung von EC verringert die zusätzliche Berücksichtigung von RC_c somit die prozyklische Entwicklung in der Boomphase.

Als weiterer Analyseschritt soll im Simulationsrahmen untersucht werden, welche Auswirkungen die Einführung der risikosensitiven IRB-Anforderungen, d.h. $\max[EC, RC_r]$, anstatt $\max[EC, RC_c]$ hat. In Tab. 4.4 sind für die zentralen konjunkturellen Zeitpunkte wiederum die jeweils bindenden Kapitalanforderungen angegeben.

118

	Z (max[EC;RCt])	PD	max[EC;RCt]	RCt vs. EC
Boom	0,38	0,57%	5,9%	RCr
↑	0,19	0,96%	7,3%	RCr
↕	0,00	1,59%	9,2%	EC
↓	-0,21	2,62%	13,1%	EC
Rezession	-0,41	4,07%	17,6%	EC

Tab. 4.4: Ökonomisches Kapital und risikosensitive
regulatorische IRB-Kapitalanforderungen

Die Tabelle zeigt, dass wie RC_c auch RC_r in den positiven makroökonomischen Situationen bindend ist, während im neutralen und rezessiven Zeitraum das ökonomische Kapital relevant wird. In den Phasen, in denen RC_r die ökonomischen Anforderungen übersteigt, liegt es mit 5,9% und 7,3% jedoch deutlich unter den 8% des RC_c, so dass der prozyklische Effekt während positiver Zeiten vergleichbar zunimmt. Dieser Umstand ist auch aus der stärkeren Zyklizität des makroökonomischen Faktors Z feststellbar. Während unter Verwendung von $\max[EC, RC_c]$ die höchste Ausprägung bei $Z = 0,32$ liegt, beläuft sie sich bei $\max[EC, RC_r]$ auf $Z = 0,38$. Die prozyklische Verstärkung erfolgt wiederum nur in positiven Zeiten, während die maximale negative Ausprägung in beiden Fällen $Z = -0,41$ beträgt. Die Berücksichtigung von $\max[EC, RC_r]$ impliziert somit einen etwas ausgeprägteren prozyklischen Effekt als $\max[EC, RC_c]$. Im Vergleich zu der isolierten Verwendung von EC wirkt jedoch auch die zusätzliche Berücksichtigung von RC_r antizyklisch, da in guten Zeiten aufgrund von $RC_r > EC$ ein Kapitalpuffer über dem ökonomischen Kapital aufgebaut wird. In schlechten makroökonomischen Phasen würde dagegen durch RC_r (wie auch RC_c) eine geringere Risikoabsicherung als durch EC resultieren, so dass das ökonomische Kapital greift.

Zusammenfassend kann festgehalten werden, dass das im Modellrahmen exemplarisch abgebildete Zusammenwirken der ökonomischen und regulatorischen Anforderungen durchaus realitätsnah erscheint. Die vergleichbar starke konjunkturelle Schwankung des ökonomischen Kapitals in der Simulation wäre nochmals ausgeprägter, wenn empirisch identifizierbare variable LGD und EAD[292] sowie schwankende Werte der Sicherheiten[293] berücksichtigt würden.

---

[292] Vgl. Allen/ Saunders, 2004, S. 173-179, Düllmann/ Trapp, 2004, S. 17-32, Altman/ Resti/ Sironi, 2002, S. 5-20, Fridson/ Garman/ Wu, 1997, S. 30-33.
[293] Vgl. Redak/ Tscherteu, 2003, S. 69.

Um die unterschiedliche Beeinflussung der Makroökonomie direkt zu identifizieren, wird in Abbildung 4.11 der aus den drei skizzierten Konstellationen resultierende Verlauf des makroökonomischen Faktors Z im Konjunkturzyklus gegenübergestellt. Es wird deutlich, dass im Analyserahmen die zusätzliche Beachtung limitierender regulatorischer Anforderungen durch die Kreditinstitute, im Vergleich zu der ausschließlichen Berücksichtigung von EC, zu einer geringeren Beeinflussung der Makroökonomie in guten Zeiten führt und somit die prozyklische Wirkung verringert. Der mit der Einführung der neuen IRB-Anforderungen potentiell verbundene Wechsel von $\max[EC, RC_c]$ zu $\max[EC, RC_r]$ verursacht hingegen eine Verstärkung der konjunkturellen Schwankungsintensität.

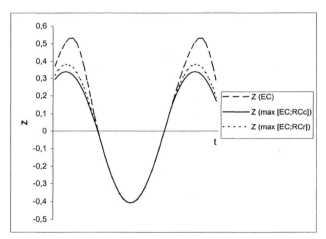

Abb. 4.11: Entwicklung des makroökonomischen Faktors bei Berücksichtigung ökonomischer und regulatorischer Anforderungen

4.5 Empirische Überprüfung der Modellkonzeption

Der in dieser Arbeit herangezogene Modellrahmen basiert auf spezifischen Annahmen über die Interdependenzen von makroökonomischer Situation, Kreditrisiko und ausgereichten Kreditvolumina sowie einem Mechanismus, der zu einer zeitverzögerten makroökonomischen Rückwirkung führt. Kerngedanke ist, dass durch das Zusammenspiel und die Wirkungsrichtungen eine Art Kreislauf entsteht, der eine makroökonomische Verstärkung impliziert. Für die empirische Untersuchung des Modellrahmens ist es sinnvoll, die gesamte Konzeption in einzelne Wirkungszusammenhänge aufzuteilen, stringente Hypothesen zu bilden und mittels OLS-Regressionsverfahren separat zu analysieren.

Die makroökonomische Situation wird im Modellrahmen durch den Parameter Z dargestellt, der sich gemäß (4.26) direkt auf die Ausfallschwelle α der Unternehmen auswirkt. Ausprägungen von $Z > 0$, die eine positive makroökonomische Situation kennzeichnen, verringern die Ausfallschwelle und mittels (4.5) auch die Ausfallwahrscheinlichkeit PD, während negative Z-Werte α und PD erhöhen. Es kann somit ein negativer Einfluss der makroökonomischen Situation Z auf die Kreditausfallwahrscheinlichkeit PD identifiziert werden, der in folgender Hypothese formuliert wird:

H.1:   Die Kreditausfallwahrscheinlichkeit ist negativ abhängig von der makroökonomischen Situation.

Darüber hinaus kann im Modellrahmen für risikosensitive Kapitalanforderungen eine negative Abhängigkeit der ausgereichten Kreditvolumina von den Ausfallraten herausgearbeitet werden. Während sich mit steigenden Ausfallwahrscheinlichkeiten PD auch die risikosensitiven Kapitalanforderungen gemäß (4.21) und (4.22) erhöhen, haben diese mittels (4.33) eine negative Auswirkung auf die Kreditausreichung Y. Der sich ergebende negative Einfluss der PD auf die Kreditausreichung Y kann durch folgende Hypothese ausgedrückt werden:

H.2:   Das ausgereichte Kreditvolumen ist negativ abhängig von der Kreditnehmerausfallwahrscheinlichkeit.

Aufgrund des negativen makroökonomischen Einflusses auf die Kreditnehmerausfallwahrscheinlichkeit, die wiederum eine ebenfalls negative Wirkung auf die Kreditausreichung hat, ergibt sich im Modellrahmen ein positiver Einfluss der makroökonomischen Situation auf die ausgereichten Kreditvolumina, der durch folgende Hypothese berücksichtigt wird:

H.3:   Die ausgereichten Kreditvolumina sind positiv abhängig von der makroökonomischen Situation.

Als wichtiger Mechanismus des Modellrahmens ist die in (4.36) berücksichtigte zeitlich verzögerte prozyklische Rückwirkung der ausgereichten Kreditvolumina auf die makroökonomische Situation zu sehen. Aus (4.37) wird der positive Einfluss der Kreditausreichung in der

Vorperiode Y_{t-1} auf die makroökonomische Realisation z_t deutlich. Der zeitverzögerte Effekt der Kreditausreichung ist durch folgende Hypothese empirisch zu überprüfen:

H.4:   Die makroökonomische Situation wird durch die ausgereichten
         Kreditvolumina zeitverzögert positiv beeinflusst.

Im Folgenden sollen die vier Hypothesen empirisch untersucht werden. Für die im Modellrahmen verwendeten Moody's-Ausfallraten kann der in H.1 unterstellte negative Zusammenhang zwischen Ausfallraten und makroökonomischer Entwicklung anhand der Veränderung des realen US Bruttoinlandsproduktes $US - GDP$ graphisch aufgezeigt werden.

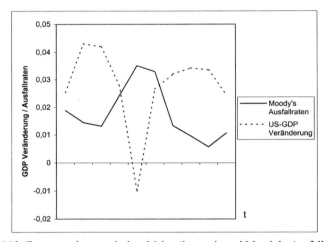

Abb. 4.12: Zusammenhang zwischen Makroökonomie und Moody's-Ausfallraten

Der in Abbildung 4.12 dargestellte Zeitraum umfasst jedoch nur einen Kreditzyklus und es liegen relativ wenige Erhebungspunkte vor. Um fundierte empirische Ergebnisse zu generieren, erscheint es deshalb sinnvoll, auf den bereits skizzierten Datensatz aus Deutschland zurückzugreifen, der in jährlichen Ausprägungen einen relativ langen Zeitraum und mehrere Konjunkturzyklen umfasst. Aufgrund der Bankensystemorientierung in Deutschland sollten diese Daten auch den makroökonomischen Einfluss des Kreditgewerbes besser widerspiegeln.

Die in der folgenden empirischen Analyse herangezogenen jährlichen Daten beziehen sich auf Veröffentlichungen des Statistischen Bundesamtes und der Deutschen Bundesbank für den Zeitraum 1956-1992. Als geeigneter Prädiktor der makroökonomischen Entwicklung wird auf das Bruttoinlandsprodukt *GDP* (Gross Domestic Product)[294] und als empirische Größe der Kreditausreichung *Y* auf das aggregierte Volumen der Kredite an inländische Unternehmen und Privatpersonen zurückgegriffen. Die in Abbildung 4.4 dargestellten jährlichen Insolvenzraten deutscher Unternehmen *IR* approximieren die relevanten Ausfallraten.[295]

Mit Hilfe dieses Datenmaterials ist eine empirische Überprüfung der vier formulierten Hypothesen möglich. Um potentielle Fehlspezifikationen in den Regressionsmodellen zu vermeiden, werden unterschiedliche Testverfahren durchgeführt und gegebenenfalls Anpassungen vorgenommen. Die Prüfung auf Stationarität mittels Einheitswurzeltest von Dickey/Fuller[296] (Augmented-Dickey-Fuller-Test) unter Einbezug einer Konstanten ergibt, dass die Nullhypothese eines nicht stationären zeitlichen Verlaufes für die absoluten Ausprägungen aller Variablen nicht statistisch signifikant abgelehnt werden kann. Da die Zeitreihen jedoch eine Integration erster Ordnung aufweisen, kann dieses Problem in allen Fällen durch den Rückgriff auf Veränderungsraten ΔIR, ΔGDP und ΔY gelöst werden. Darüber hinaus werden in allen Modellschätzungen die Residuen mittels Q-Statistik und Breusch-Godfrey-Lagrange-Multiplier (LM)-Test[297] überprüft. Hinweise auf serielle Korrelation können in allen Fällen durch die Aufnahme der um eine Periode verzögerten abhängigen Lag-Variablen als Regressoren behoben werden. Berücksichtigung der skizzierten Anpassungen führt zu den im Folgenden dargestellten vier Regressionsmodellen. Für jedes dieser Modelle liefert der Test nach White[298] keine Hinweise auf Verzerrungen durch Heteroskedastizität.

Die erste Hypothese bezieht sich auf die Abhängigkeit der Kreditausfallwahrscheinlichkeit von der makroökonomischen Situation. Für den Test von H.1 werden sowohl die makroökonomische Entwicklung des Betrachtungsjahres als auch des Vorjahres als Regressoren herangezogen. Dadurch ist es möglich, die makroökonomische Zyklizität zu berücksichtigen:

(H.1) $\quad \Delta IR_t = \beta_0 + \beta_1 \cdot \Delta GDP_t + \beta_2 \cdot \Delta GDP_{t-1} + \Delta IR_{t-1} + \varepsilon_t$.

Die Abhängigkeit der ausgereichten Kreditvolumina von den Ausfall- bzw. Insolvenzraten gemäß H.2 kann durch folgendes Schätzmodell eingefangen werden:

(H.2) $\quad \Delta Y_t = \beta_0 + \beta_1 \cdot \Delta IR_t + \Delta Y_{t-1} + \varepsilon_t$.

[294] Vgl. z.B. Blanchard/ Illing, 2004, S. 48-52.
[295] Der Zusammenhang zwischen Insolvenzhäufigkeiten und Ausfallraten sowie relevante Unterschiede werden in Kapitel 4.3.3 aufgezeigt.
[296] Vgl. Dickey/ Fuller, 1979, S. 427-430, Dickey/ Fuller, 1981, S. 1058-1070.
[297] Vgl. Maddala, 1992, S. 250-252.
[298] Vgl. White, 1980, S. 818-827.

Durch Hypothese H.3 wird der Einfluss der makroökonomischen Situation auf die Kreditaus-reichung überprüft. Um der Gefahr von Multikollinearität[299] bei simultaner Berücksichtigung von ΔGDP und ΔIR als erklärende Variablen zu begegnen und den isolierten makroökono-mischen Effekt abzubilden, wird das Regressionsmodell folgender Maßen geschrieben:

(H.3) $\Delta Y_t = \beta_0 + \beta_1 \cdot \Delta GDP_t + \beta_2 \cdot \Delta Y_{t-1} + \varepsilon_t$.

Die in Hypothese H.4 formulierte zeitverzögerte Abhängigkeit der makroökonomischen Situa-tion von der Kreditausreichung wird durch folgendes Schätzmodell berücksichtigt, in dem ΔGDP in Abhängigkeit von der Veränderung der Kreditvolumina in den beiden Vorperioden modelliert wird:

(H.4) $\Delta GDP_t = \beta_0 + \beta_1 \cdot \Delta Y_{t-1} + \beta_3 \cdot \Delta Y_{t-2} + \varepsilon_t$.

Im nächsten Schritt sind die Regressionsmodelle anhand des generierten Datensatzes zu über-prüfen.

Univariate Analyse				
	Minimum	Maximum	Mittelwert	Standard-abweichung
ΔGDP	-0,0125	0,0746	0,0295	0,2205
ΔIR	-0,1746	0,520	0,0710	0,1811
ΔY	-0,0320	0,1790	0,0931	0,3762
N=28				

Korrelationen			
	ΔGDP	ΔIR	ΔY
ΔGDP	1		
ΔIR	-0,540***	1	
ΔY	0,705***	-0,214	1

***: Die Korrelation ist auf dem Niveau von 0,01 (2-seitig) signifikant

Abb. 4.13: Deskriptive Analyse

In Abbildung 4.13 ist zunächst die deskriptive Analyse der verwendeten empirischen Daten angeführt, wobei ausschließlich Veränderungsraten der Parameter berücksichtigt werden. Aus der deskriptiven Statistik sind bereits bestimmte Zusammenhänge erkennbar. Die Ergebnisse der vier skizzierten Modellschätzungen sind in der Abbildung 4.14 zusammengefasst.

---

[299] Zur Gefahr von Multikollinearität siehe Maddala, 1992, S. 269-280.

	Modellschätzung			
	H. 1	H. 2	H. 3	H. 4
Konstante	0,000 (0,008)	0,035*** (2,325)	0,029** (2,197)	0,032*** (2,989)
ΔGDP_t	-3,746*** (-2,792)		1,045*** (4,544)	
ΔGDP_{t-1}	4,606*** (3,622)			
ΔIR_{t-1}	0,520*** (2,863)			
ΔIR_t		-0,099*** (-2,997)		
ΔY_{t-1}		0,675*** (4,258)	0,352** (2,665)	0,352*** (3,201)
ΔY_{t-2}				-0,383*** (-3,508)
F-Statistik	11,642***	10,342***	18,243***	7,464***
R^2	0,603	0,463	0,603	0,394
adj. R^2	0,551	0,418	0,57	0,341

***: Parameter sign. von Null versch. auf 1 % Niveau, **: Parameter sign. von Null versch. auf
5 % Niveau, *: Parameter sign. von Null versch. auf 10 % Niveau; t-Statistik in Klammern

Abb. 4.14: Ergebnisse der Regressionsmodelle

Für alle vier Modellschätzungen zeigen die F-Statistiken und (adjustierten) Bestimmtheitsma-
ße einen hoch signifikanten, deutlich ausgeprägten Erklärungsgehalt auf. Auch die t-Werte
weisen auf einen durchgehend hoch signifikanten Einfluss der betrachteten abhängigen Variablen hin. Im Folgenden werden die Ergebnisse der einzelnen aus der theoretischen Konzeption abgeleiteten Regressionsmodelle im Detail analysiert.

Die erste Modellschätzung weist ein adj. R^2 von 0,551 auf, das den hohen Erklärungsgehalt
des gesamten Regressionsmodells verdeutlicht. Zur Überprüfung von H.1 steht vor allem die
unabhängige Variable ΔGDP_t im Fokus. Der t-Test für diesen Parameter verdeutlicht auf
hochsignifikantem Niveau den negativen Einfluss von ΔGDP_t auf ΔIR_t. Dieses Ergebnis bestärkt die aufgestellte Hypothese einer negativen Abhängigkeit der Insolvenzraten von der
aktuellen makroökonomischen Situation. Darüber hinaus ist ein hochsignifikanter positiver
Einfluss der makroökonomischen Ausprägung des Vorjahres ΔGDP_{t-1} ersichtlich, der die
zugrundeliegende zyklische makroökonomische Schwankung verdeutlicht.

Mit $adj. R^2 = 0,418$ hat auch das zweite Regressionsmodell in seiner Gesamtheit einen ausgeprägten Erklärungsgehalt. Um die Abhängigkeit der ausgereichten Kreditvolumina von der Kreditnehmerausfallwahrscheinlichkeit zu überprüfen, gilt es, ΔIR_t in der Modellschätzung näher zu betrachten. Der t-Test für diesen Parameter zeigt auf hoch signifikantem 1%-Niveau einen negativen Einfluss auf. Somit wird auch die zweite Hypothese, einer negativen Abhängigkeit der ausgereichten Kreditvolumina von der Kreditnehmerausfallwahrscheinlichkeit, durch die empirischen Ergebnisse unterstützt.

In der dritten Hypothese wird eine positive Abhängigkeit der ausgereichten Kreditvolumina von der makroökonomischen Situation unterstellt. Das adjustierte R^2 des Regressionsmodells zur Überprüfung von H.3 beträgt 0,57 und verdeutlicht den hohen Erklärungsgehalt. Aus den Ergebnissen des t-Tests für ΔGDP_t wird darüber hinaus die hochsignifikante positive Abhängigkeit der ausgereichten Kreditvolumina von der makroökonomischen Situation ersichtlich, so dass für den zugrunde liegenden Datensatz auch die dritte Hypothese auf hoch signifikantem Niveau bekräftigt werden kann.

Mit $adj. R^2 = 0,341$ weist das vierte Regressionsmodell einen im Vergleich zu den drei anderen Schätzmodellen etwas niedrigeren aber ebenfalls ausgeprägten Aussagegehalt auf. Von Interesse ist nun, inwieweit die in H.4 formulierte zeitverzögerte positive Abhängigkeit der makroökonomischen Situation von den ausgereichten Kreditvolumina für den Datensatz zutrifft. Der t-Test für den relevanten Parameter ΔY_{t-1} zeigt auf 1%-Niveau einen positiven Einfluss der Kreditvolumina des Vorjahres, der die Hypothese hochsignifikant unterstützt. Somit kann auch diese zentrale Annahme des Modellrahmens durch die empirischen Daten bekräftigt werden. Im Regressionsmodell kann darüber hinaus durch das negative Vorzeichen von ΔY_{t-2} ein weiterer Hinweis auf die makroökonomische Zyklizität im Zeitablauf generiert werden.

Da für den betrachteten Datensatz alle vier Hypothesen auf hochsignifikantem 1%-Niveau bestätigt werden können, erscheint der in diesem Beitrag aufgestellte Modellrahmen geeignet, die skizzierten Zusammenhänge zu analysieren, wodurch auch die generierten Ergebnisse an Aussagekraft gewinnen.

4.6 Zusammenfassung

Im Modellrahmen wurde ein einfacher geschlossener Wirkungszusammenhang zwischen makroökonomischer Situation, Kreditrisiko und Kreditvolumina entwickelt und empirisch fundiert. In diesem Analyserahmen konnte die potentielle prozyklische makroökonomische Wirkung risikosensitiver ökonomischer und regulatorischer Kapitalanforderungen der Kreditinstitute untersucht werden. In der Analyse der Auswirkungen einer isolierten Verwendung regulatorischer und ökonomischer Eigenmittelanforderungen wurde deutlich, dass sowohl das ökonomische Kapital auf Basis des Ein-Faktor-Modells als auch der IRB-Basisansatz stärkere prozyklische Auswirkungen implizieren als die konstanten Anforderungen im Rahmen von Basel I. Darüber hinaus konnte gezeigt werden, dass die effektive Wirkung der regulatorischen Anforderungen jeweils auch von der Ausprägung des ökonomischen Kapitals abhängt. Der Wechsel von den bisherigen konstanten regulatorischen Anforderungen auf den risikosensitiven IRB-Basisansatz bewirkt unter dieser Prämisse in vielen, aber nicht allen Fällen, eine zusätzliche prozyklische makroökonomische Verstärkung.

Für die weitere Forschungsarbeit kann als ein wesentliches Ergebnis festgehalten werden, dass in der Analyse der Prozyklizitätsproblematik zahlreiche Interdependenzen verschiedener Einflussgrößen zu beachten sind. Für ein umfassendes Bild der jeweiligen prozyklischen Wirkung gilt es deshalb, das Zusammenspiel der unterschiedlichen Parameter sowohl modelltheoretisch als auch empirisch detailliert zu untersuchen und bisherige Überlegungen geeignet zu erweitern.

Anhang

Anhang 3.1: Fragen der empirischen Studie

In die Erstellung eines Ratings können neben Bilanz- und Finanzkennzahlen auch die Einschätzungen der Kreditbetreuer mit einfließen. Welchen Anteil am Ratingurteil haben in Ihrem Institut die Einschätzungen der Mitarbeiter?
(Angabe in %, ggf. Schätzung)

Anteil der Mitarbeitereinschätzungen .... %

Wird Ihrer Meinung nach die Prognosequalität eines Ratings durch die Berücksichtigung von Einschätzungen der betreuenden Mitarbeiter eher verbessert oder verringert sie sich durch die Gefahr von Verzerrungen?

Einfluss auf Qualität der Bewertung:	Verbesserung	Verschlechterung	kein Einfluss
	☐	☐	☐

Planen Sie in Ihrem Kreditinstitut in den beiden folgenden Bereichen zusätzliche Maßnahmen zur Verbesserung der Ratingqualität?

	ja	nein	weiß nicht
- lokale und branchenspezifische Marktkenntnisse der beurteilenden Mitarbeiter (z.B. Schulungen)	☐	☐	☐
- statistisch-mathematische Ratingkonzeption	☐	☐	☐

Falls Ihre Kreditbetreuer einen variablen Gehaltsbestandteil erhalten, an welchen Erfolgsfaktoren orientiert sich das Ausmaß des variablen Gehaltsanteils?

	ja	nein	weiß nicht
Unternehmensergebnis	☐	☐	☐
Ergebnis des Kreditbereiches	☐	☐	☐
Ergebnis der verantworteten Kredite	☐	☐	☐
Erfüllung volumenorientierter Vorgaben	☐	☐	☐
Erfüllung bestimmter Ertragsvorgaben	☐	☐	☐

Wie setzt sich ca. die Vergütung der Kreditbetreuer zusammen, die für die Auswahl und Betreuung Ihrer Kreditengagements verantwortlich sind?

		Fixgehalt		variables Gehalt
100%	=	.... %	+	.... %

Anhang 3.2: Ermittlung des Sicherheitsäquivalents bei exponentieller Nutzenfunktion

Aufgrund des Bernoulli-Prinzips stimmt der Nutzenwert eines Sicherheitsäquivalents mit dem Erwartungswert des Nutzens überein, welcher der Wahrscheinlichkeitsverteilung über die unsichere Zielgröße entspricht.[300]

$$(A3.2.1) \qquad E[U(S\ddot{A})] = U(S\ddot{A}) = E[U(\cdot)]$$

Der normalverteilte Ertrag X mit Erwartungswert μ kann auch geschrieben werden als

$$(A3.2.2) \qquad X = \mu + \varepsilon,$$

wobei für die Verteilung von ε

$$(A3.2.3) \qquad N(0,\sigma)$$

und für die Dichtefunktion

$$(A3.2.4) \qquad f(\varepsilon) = \frac{1}{\sigma\sqrt{(2\pi)}} e^{-\frac{\varepsilon^2}{2\sigma^2}}$$

gilt.

Aufgrund der angenommenen exponentiellen Nutzenfunktion ergibt sich der Nutzen des Kreditbetreuers als

$$(A3.2.5) \qquad U_K = -e^{-a(s_0 + s_1 X - cz)} = -e^{-a(s_0 + s_1\mu - cz + s_1\varepsilon)}.$$

Für den Erwartungsnutzen folgt somit

$$(A3.2.6) \qquad E(U_K) = -e^{-a(s_0 + s_1\mu - cz)} \frac{1}{\sigma\sqrt{2\pi}} \int_{-\infty}^{+\infty} e^{-as_1\varepsilon} e^{-\frac{\varepsilon^2}{2\sigma^2}} d\varepsilon \quad .$$

---

[300] Vgl. Laux, 1998, S. 212.

Zur Ermittlung des Sicherheitsäquivalents des Kreditbetreuers ist es nötig, den zweiten Teil der Gleichung, d.h. das Integral, adäquat umzuformen. Dazu wird zunächst $b = -\alpha s_1$ und $a = \dfrac{1}{2\sigma^2}$ gesetzt, was zu

(A3.2.7) $\displaystyle\int_{-\infty}^{+\infty} e^{bx} e^{-ax^2} dx$

führt. (A3.2.7) gibt den Erwartungsnutzen eines normalverteilten Störterms bei exponentieller Nutzenfunktion an, der über eine Reihenentwicklung approximiert werden kann.[301] Dies ist möglich, indem die MacLaurin-Entwicklung der Exponentialfunktion um den Punkt 0 gebildet wird.[302] Für diese Entwicklung gilt $e^{bx} = \displaystyle\sum_{i=0}^{\infty} \dfrac{(bx)^i}{i!} = 1 + bx + \dfrac{(bx)^2}{2!} + \dfrac{(bx)^3}{3!} + ...$, so dass für das Integral aus (A3.2.6) folgt

(A3.2.8) $\displaystyle\int_{-\infty}^{+\infty} \left(1 + bx + \dfrac{(bx)^2}{2!} + \dfrac{(bx)^3}{3!} + ... \right) e^{-ax^2} dx$.

Da für ungerade j der Zusammenhang

$\displaystyle\int_{-\infty}^{+\infty} bx e^{-ax^2} dx = \int_{-\infty}^{+\infty} \dfrac{(bx)^3}{3!} e^{-ax^2} dx = \int_{-\infty}^{+\infty} \dfrac{(bx)^j}{j!} e^{-ax^2} dx = ... = 0$ gilt, kann (A3.2.8) umgeformt werden

zu

(A3.2.9) $\displaystyle\int_{-\infty}^{+\infty} \left(1 + \dfrac{(bx)^2}{2!} + \dfrac{(bx)^4}{4!} + ... \right) e^{-ax^2} dx$

$\displaystyle = 2 \int_{0}^{+\infty} \left(1 + bx + \dfrac{(bx)^2}{2!} + \dfrac{(bx)^4}{4!} + ... \right) e^{-ax^2} dx$

$\displaystyle = 2 \sum_{i=0}^{\infty} \int_{0}^{+\infty} \dfrac{(bx)^{2i}}{(2i)!} e^{-ax^2} dx$

$\displaystyle = 2 \sum_{i=0}^{\infty} \dfrac{b^{2i}}{(2i)!} \int_{0}^{+\infty} x^{2i} e^{-ax^2} dx$

Für $n = 2i$ und n gerade gilt der Zusammenhang

(A3.2.10) $\displaystyle\int_{0}^{+\infty} x^n e^{-ax^2} dx = \dfrac{1 \cdot 3 \cdot 5 \cdot .... \cdot (2i-1)\sqrt{\pi}}{2^{i+1} a^{i+\frac{1}{2}}}$,

---

[301] Vgl. Arrow, 1974, S. 137-138.
[302] Vgl. Loistl, 1976, S. 909.

so dass (A3.2.9) umgeformt werden kann zu

$$(A3.2.11) \qquad = 2 \sum_{i=0}^{\infty} \frac{b^{2i}}{(2i)!} \frac{1 \cdot 3 \cdot 5 \cdot \ldots \cdot (2i-1)\sqrt{\pi}}{2^{i+1} a^{i+\frac{1}{2}}} .$$

Einsetzen von $a = \dfrac{1}{2\sigma^2}$ und $b = -\alpha s_1$ in (A3.2.11) ergibt

$$(A3.2.12) \qquad = 2 \sum_{i=0}^{\infty} \frac{(-\alpha s_1)^{2i}}{(2i)!} \frac{1 \cdot 3 \cdot 5 \cdot \ldots \cdot (2i-1)\sqrt{\pi}}{2^{i+1}} 2^{i+\frac{1}{2}} \sigma^{2i+1}$$

$$= \sqrt{2\pi\sigma} \sum_{i=0}^{\infty} \frac{(-\alpha s_1 \sigma)^{2i}}{(2i)!} (1 \cdot 3 \cdot 5 \cdot \ldots \cdot (2i-1))$$

$$= \sqrt{2\pi\sigma} \sum_{i=0}^{\infty} \frac{\left(-\alpha s_1 \sigma / \sqrt{2}\right)^{2i}}{(2i)!} 2^i (1 \cdot 3 \cdot 5 \cdot \ldots \cdot (2i-1)) .$$

Da allgemein der Zusammenhang

$$\frac{1 \cdot 3 \cdot 5 \cdot \ldots \cdot (2i-1)2^i}{(2i)!} = \frac{1 \cdot 3 \cdot 5 \cdot \ldots \cdot (2i-1)2^i}{1 \cdot 2 \cdot 3 \cdot \ldots \cdot i(i+1) \ldots (2i)} = \frac{1}{i!} \text{ gilt,}$$

vereinfacht sich (A3.2.12) zu

$$(A3.2.13) \qquad = \sqrt{2\pi\sigma} \sum_{i=0}^{\infty} \frac{\left(-\alpha s_1 \sigma / \sqrt{2}\right)^{2i}}{i!}$$

$$= \sqrt{2\pi\sigma} \sum_{i=0}^{\infty} \frac{\left(\left(-\alpha s_1 \sigma / \sqrt{2}\right)^2\right)^i}{i!}$$

$$= \sqrt{2\pi\sigma} \, e^{\frac{\alpha^2 s_1^2 \sigma^2}{2}} .$$

Die Substitution des Integrals aus (A3.2.6) mit (A3.2.13) und Einsetzen in die Ausgangs-gleichung bei exponentieller Nutzenfunktion ergibt

$$(A3.2.14) \qquad -e^{-\alpha S\ddot{A}_K} = -e^{-\alpha(s_0 + s_1\mu - cz)} e^{\frac{\alpha^2 s_1^2 \sigma^2}{2}} .$$

Aus dem Auflösen nach dem Sicherheitsäquivalent folgt schließlich

$$(A3.2.15) \qquad S\ddot{A}_K = s_0 + s_1\mu - cz - \frac{\alpha}{2} s_1^2 \sigma^2 .$$

q.e.d.

Die Überführung des Erwartungsnutzen des Bankmanagements in das Sicherheitsäquivalent erfolgt bei gegebener exponentieller Nutzenfunktion analog.

Anhang 3.3: Nachweis der höheren variablen Gehaltskomponente in der Second-best-Lösung im Vergleich zum First-best-Fall

Die Gültigkeit von $s_1^{**} < s_1^*$ bzw. $\dfrac{\beta}{\alpha+\beta} < \sqrt{\dfrac{\beta}{2\alpha+\beta}}$ kann durch folgende Umformungen bewiesen werden.

$$\frac{\beta^2}{\alpha^2 + 2\alpha\beta + \beta^2} < \frac{\beta}{2\alpha+\beta}$$

$$\Leftrightarrow \beta^2(2\alpha+\beta) < \beta(\alpha^2 + 2\alpha\beta + \beta^2)$$

$$\Leftrightarrow 2\alpha\beta + \beta^2 < \alpha^2 + 2\alpha\beta + \beta^2$$

$$\Leftrightarrow 0 < \alpha^2$$

q.e.d.

Da annahmegemäß $\alpha \in R^+$ gilt, ist die aufgezeigte Ungleichung in allen Fällen gültig, wodurch $s_1^{**} < s_1^*$ bestätigt ist.

Anhang 3.4: Analyse der Agency-Kosten im Modellrahmen

Die Agency Kosten (AC)

(A3.4.1) $\quad AC = S\ddot{A}_B^{**} - S\ddot{A}_B^*$

können durch Vergleich der Sicherheitsäquivalente des Bankmanagements im First-best bzw. Second-best Fall folgendermaßen ermittelt werden.

(A3.4.2) $\quad AC = \mu + c\dfrac{\tau}{t} - \sqrt{\dfrac{2c\alpha\beta\kappa}{t(\alpha+\beta)}} - \mu - c\dfrac{\tau}{t} - \left(\sqrt{\beta} - \sqrt{2\alpha+\beta}\right)\sqrt{\dfrac{(2c\beta\kappa)}{t\alpha}}$

$$\Rightarrow AC = -\sqrt{\frac{2c\alpha\beta\kappa}{t(\alpha+\beta)}} - \beta\sqrt{\frac{2c\kappa}{t\alpha}} + \sqrt{\frac{2c\beta\kappa(2\alpha+\beta)}{t\alpha}}$$

$$\Rightarrow AC = \frac{-\alpha\sqrt{2c\beta\kappa} - \beta\sqrt{2c\kappa}\sqrt{\alpha+\beta} + \sqrt{2c\beta\kappa(2\alpha+\beta)}\sqrt{\alpha+\beta}}{\sqrt{ta}\sqrt{\alpha+\beta}}$$

$$\Rightarrow AC = \frac{\sqrt{2c\beta\kappa}\left(\sqrt{\alpha+\beta}\sqrt{2\alpha+\beta} - \sqrt{\beta}\sqrt{\alpha+\beta} - \alpha\right)}{\sqrt{ta}\sqrt{\alpha+\beta}}.$$

Aufgrund des vorgegebenen Wertebereichs der Parameter liegen positive Agency Kosten genau dann vor, wenn gilt

(A3.4.3) $\quad \sqrt{\alpha+\beta}\sqrt{2\alpha+\beta} > \sqrt{\beta}\sqrt{\alpha+\beta} + \alpha$.

Zum Beweis der Gültigkeit von (A3.4.3) wird mit Hilfe des trivialen Zusammenhangs

$\left(\dfrac{\alpha}{2}\right)^2 > 0$ zunächst folgende Ungleichung aufgestellt

(A3.4.4) $\quad \left(\dfrac{\alpha}{2} + \beta\right)^2 = \left(\dfrac{\alpha}{2}\right)^2 + \alpha\beta + \beta^2 > \alpha\beta + \beta^2 = \beta(\alpha+\beta).$

Aufgrund des vorgegebenen positiven Wertebereichs folgt daraus

(A3.4.5) $\quad \dfrac{\alpha}{2} + \beta = \dfrac{\alpha+2\beta}{2} > \sqrt{\beta}\sqrt{\alpha+\beta}$.

Dividieren durch $\alpha + \beta$ führt zu

(A3.4.6) $\quad 1 - \dfrac{\alpha}{2(\alpha+\beta)} > \dfrac{\sqrt{\beta}}{\sqrt{\alpha+\beta}}$.

Multiplizieren von (A3.4.6) mit 2α und anschließende Addition von β ergibt nach Umformung

(A3.4.7) $\quad 2\alpha + \beta > \beta + 2\sqrt{\beta}\,\dfrac{\alpha}{\sqrt{\alpha+\beta}} + \dfrac{\alpha^2}{\alpha+\beta} = \left(\sqrt{\beta} + \dfrac{\alpha}{\sqrt{\alpha+\beta}}\right)^2$.

Aufgrund des positiven Wertebereichs der Parameter folgt daraus wiederum

(A3.4.8) $\quad \sqrt{2\alpha+\beta} > \sqrt{\beta} + \dfrac{\alpha}{\sqrt{\alpha+\beta}}$.

Multiplikation mit $\sqrt{\alpha+\beta}$ liefert schließlich die gewünschte Ungleichung

(A3.4.9) $\quad \sqrt{\alpha+\beta}\sqrt{2\alpha+\beta} > \sqrt{\beta}\sqrt{\alpha+\beta} + \alpha$

q.e.d.

Akerlof, George A. (1970): The Market for "Lemons": Quality Uncertainty and the Market Mechanism, in: The Quarterly Journal of Economics, Vol. 84, No. 3, S. 488-500.

Allen, Franklin/ Santomero, Anthony M. (1998): The Theory of Financial Intermediation, in: Journal of Banking & Finance, Vol. 21, No. 11-12, S. 1461-1485.

Allen, Linda/ DeLong, Gayle/ Saunders, Anthony (2004): Issues in the Credit Risk Modeling of Retail Markets, in: Journal of Banking & Finance, Vol. 28, No. 4, S. 727-752.

Allen, Linda/ Saunders, Anthony (2004): Incorporating Systemic Influences Into Risk Measurements: A Survey of the Literature, in: Journal of Financial Services Research, Vol. 26, No. 2, S. 161-192.

Almazan, Andres (2002): A Model of Competition in Banking: Bank Capital vs Expertise, in: Journal of Financial Intermediation, Vol. 11, No. 1, S. 87-121.

Altman, Edward I./ Resti, Andrea/ Sironi, Andrea (2002): The Link between Default and Recovery Rates: Effects on the Procyclicality of Regulatory Capital Ratios, BIS Working Paper No. 113.

Altman, Edward I./ Saunders, Anthony (1998): Credit Risk Measurement: Developments over the last 20 years, in: Journal of Banking & Finance, Vol. 21, No. 11-12, S. 1721-1742.

Amato, Jeffery D./ Furfine, Craig H. (2004): Are Credit Ratings Procyclical?, in: Journal of Banking & Finance, Vol. 28, No. 11, S. 2641-2677.

Angermüller, Niels O./ Eichhorn, Michael/ Ramke, Thomas (2005): MaRisk – der Nebel lichtet sich, in: Zeitschrift für das gesamte Kreditwesen, 58. Jg., Nr. 8, S. 396-398.

Arrow, Kenneth J. (1971): Essays in the Theory of Risk-Bearing, Amsterdam 1971.

Arrow, Kenneth J. (1974): The Use of Unbounded Utility Functions in Expected-Utility Maximization: Response, in: Quarterly Journal of Economics, Vol. 88, No. 1, S. 136-138.

Arrow, Kenneth J. (1986): Agency and the Market, in: Handbook of Mathematical Economics, 3. Aufl., hrsg. von K.J. Arrow und M.D. Intriligator, North-Holland 1986, S. 1183-1195.

Arvanitis, Angelo/ Gregory, Jon (2001): Credit: The Complete Guide to Pricing, Hedging and Risk Management, London 2001.

Athavale, Manoj/ Edmister, Robert O. (2004): The Pricing of Sequential Bank Loans, in: The Financial Review, Vol. 39, No. 2, S. 231-253.

Bächstädt, Karl-Heinz/ Bauer, Christoph/ Geldermann, Arnd (2004): Mit höherer Trennschärfe beim Rating Kosten sparen und Erträge steigern, in: Zeitschrift für das gesamte Kreditwesen, 57. Jg., Nr. 11, S. 576-580.

Ballwieser, Wolfgang (1990): Unternehmensbewertung und Komplexitätsreduktion, 3. Aufl., Wiesbaden 1990.

Ballwieser, Wolfgang (2003): Controlling und Risikomanagement: Aufgaben des Vorstands, in: Handbuch Corporate Governance – Leitung und Überwachung börsennotierter Unternehmen in der Rechts- und Wirtschaftswissenschaft, hrsg. von P. Hommelhoff, K. J. Hopt und A. v. Werder, Köln/ Stuttgart 2003, S. 429-440.

Ballwieser, Wolfgang/ Kuhner, Christoph (2000): Risk Adjusted Return on Capital – Ein geeignetes Instrument zur Steuerung, Kontrolle und Kapitalmarktkommunikation?, in: Banking 2000 - Perspektiven und Projekte, Festschrift für Hermann Meyer zu Selhausen, hrsg. von M. Riekeberg und K. Stenke, Wiesbaden 2000, S. 367-381.

Basel Committee on Banking Supervision (1988): International Convergence of Capital Measurement and Capital Standards, July 1988.

Basel Committee on Banking Supervision (1996): Amendment to the Capital Accord to Incorporate Market Risks, January 1996.

Basel Committee on Banking Supervision (2000): Best Practices for Credit Risk Disclosure, Working Paper Basel Committee on Banking Supervision.

Basel Committee on Banking Supervision (2002): Quantitative Impact Study 3 Technical Guidance, Bank for International Settlements, Basel October 2002.

Basel Committee on Banking Supervision (2003): Consultative Document - The New Basel Capital Accord, April 2003.

Basel Committee on Banking Supervision (2004): International Convergence of Capital Measurement and Capital Standards: A Revised Framework, June 2004.

Basel Committee on Banking Supervision (2005): Guidance on Paragraph 468 of the Framework Document, July 2005.

Bauer, Wolfgang/ Ryser, Marc (2004): Risk Management Strategies for Banks, in: Journal of Banking & Finance, Vol. 28, No. 2, S. 331-352.

Belkin, Barry/ Suchower, Stephan/ Forest, Lawrence R. (1998): The Effects of Systematic Credit Risk on Loan Portfolio Value-at-Risk and Loan Pricing, in: CreditMetrics Monitor, First Quarter 1998, S. 17-28.

Berger, Allen N. / Udell, Gregory F. (2003): The Institutional Memory Hypothesis and the Procyclicality of Bank Lending Behaviour, BIS Working Paper No. 125.

Berger, Allen N./ Frame, Scott W./ Miller, Nathan H. (2002): Credit Scoring and the Availability, Price, and Risk of Small Business Credit, Working Paper 2002-6, Federal Reserve Bank of Atlanta.

Berger, Allen N./ Herring, Richard J./ Szegö, Giorgio P. (1995): The Role of Capital in Financial Institutions, in: Journal of Banking & Finance, Vol. 19, No. 3-4, S. 393-430.

Bernanke, Ben/ Gertler, Mark (1989): Agency Costs, Net Worth, and Business Fluctuations, in: The American Economic Review, Vol. 79, No. 1, S. 14-31.

Bernanke, Ben/ Gertler, Mark/ Gilchrist, Simon (1998): The Financial Accelerator in a Quantitative Business Cycle Framework, NBER Working Paper No. 6455.

Bernanke, Ben/ Lown, Cara (1991): The Credit Crunch, in: Brookings Papers on Economic Activity, No. 2/1991, S. 205-239.

Blache, Raimund/ Bluhm, Christian(2001): Die Steuerung von Kreditrisiken mithilfe der RAROC-Methodik, in: Ausfallrisiken - Quantifizierung, Bepreisung und Steuerung, hrsg. von B. Rolfes und H. Schierenbeck, Frankfurt am Main 2001, S. 261-302.

Blanchard, Olivier/ Illing, Gerhard (2004): Makroökonomie, 3. Aufl., München 2004.

Bliss, Robert R./ Kaufman, George G. (2003): Bank Procyclicality, Credit Crunches, and Asymmetric Monetary Policy Effects: A Unifying Model, in: Journal of Applied Finance, Vol. 13, No. 2, S. 23-31.

Blöchlinger, Andreas/ Leippold, Markus (2005): Economic Benefit of Powerful Credit Scoring, Working Paper No. 216, Universität Zürich.

Bluhm, Christian/ Overbeck, Ludger (2003): Systematic Risk in Homogeneous Credit Portfolios, in: Credit Risk – Measurement, Evaluation and Management, hrsg. von. G. Bol u.a., Heidelberg 2003, S. 35-48.

Bluhm, Christian/ Overbeck, Ludger/ Wagner, Christoph (2003): An Introduction to Credit Risk Modeling, London 2003.

Blum, Jürg/ Hellwig, Martin (1996): Die makroökonomischen Wirkungen von Eigenmittelvorschriften für Banken, in: Finanzmärkte, Finanzinnovationen und Geldpolitik, Schriften des Vereins für Socialpolitik, Band 242, hrsg. von D. Duwendag, Berlin 1996, S. 41-71.

Bofondi, Marcello/ Gobbi, Giorgio (2004): Bad Loans and Entry into Local Credit Markets, Working Paper No. 509, Bank of Italy.

Borio, Claudio/ Furfine, Craig/ Lowe, Philip (2001): Procyclicality of the Financial Stability: Issues and Policy Options, in: Marrying the Macro and Micro - Prudential Dimensions of Financial Stability, BIS Working Papers No.1, S. 1-57.

Breuer, Wolfgang (1993): Finanzintermediation im Kapitalmarktgleich-gewicht, Wiesbaden 1993.

Brunner, Antje (2001): Firmenkundenratings deutscher Großbanken, in: Kreditrisikomessung und Kreditrisikomanagement, ZEW Wirtschaftsanalysen, Bd. 54, hrsg. von. A. Szczesny, Baden-Baden 2001, S. 107-125.

Brunner, Antje/ Krahnen, Jan Pieter/ Weber, Martin (2000): Information Production in Credit Relationships: On the Role of Internal Ratings in Commercial Banking, Working Paper 2000/10, Center for Financial Studies, Universität Frankfurt am Main.

Bühler, Wolfgang/ Engel, Christoph/Korn, Olaf/Stahl, Gerhard (2002): Backtesting von Kreditrisikomodellen, in: Kreditrisikomanagement – Kernbereiche, Aufsicht und Entwicklungstendenzen, 2. Aufl., hrsg. von A. Oehler, Stuttgart 2002, S. 181-217.

Bühler, Wolfgang/ Koziol, Christian (2004): Banking Regulation and Financial Accelerators: A One-Period Model with Unlimited Liability, Working Paper Universität Mannheim.

Bundesanstalt für Finanzdienstleistungsaufsicht (2002): Mindestanforderungen an das Kreditgeschäft der Kreditinstitute, Rundschreiben 34/2002 (BA), Bonn 2002.

Bundesverband deutscher Banken (2003): Potential Pro-Cyclicality of the Basel-2 Framework: Analysis and Possible Solutions, Working Paper v1.5.

Burghof, Hans-Peter/ Rudolph, Bernd (1996): Bankenaufsicht – Theorie und Praxis der Regulierung, Wiesbaden 1996.

Butler, Alexander W./ Rodgers, Kimberly J. (2003): Relationship Rating: How Do Bond Rating Agencies Process Information?, EFA 2003 Annual Conference Paper No. 491.

Campbell, Tim S./ Kracaw, William A. (1987): Optimal Managerial Incentive Contracts and the Value of Corporate Insurance, in: Journal of Financial and Qualitative Analysis, Vol. 22, No. 3, S. 315-328.

Cantor, Richard (2001): Moody's Investors Service Response to the Consultative Paper Issued by the Basel Committee on Banking Supervision "A New Capital Adequacy Framework", in: Journal of Banking & Finance, Vol. 25, No. 1, S. 171-185.

Caouette, John B./ Altman, Edward I./ Narayanan, Paul (1998): Managing Credit Risk - The Next Great Financial Challenge, New York 1998

Carey, Mark (1998): Credit Risk in Private Debt Portfolios, in: Journal of Finance, Vol. 53, No. 4, S. 1363-1387.

Caruana, Jaime (2004): Latest Progress on Basel II, Inaugural Address at the 5th Annual Risk Management Convention of the Global Association of Risk Professionals, BIS Review, 12/2004, S. 1-7.

Catarineu-Rabell, Eva/ Jackson, Patricia/ Tsomocos, Dimitrios P. (2003): Procyclicality and the New Basel Accord - Banks´ Choice of Loan Rating System, Bank of England Working Paper No. 181.

Czarnitzki, Dirk/ Kraft, Kornelius (2004): Are Credit Ratings Valuable Information?, Center for European Economic Research (ZEW) Discussion Paper No. 04-07.

Danielsson, Jon u.a. (2001): An Academic Response to Basel II, Special Paper No. 130, FMG Special Papers, London School of Economics Financial Markets Group and ESCR.

Danielsson, Jon/ Jorgensen, Björn N./ de Vries, Casper G. (2002): Incentives for Effective Risk Management, in: Journal of Banking & Finance, Vol. 26, No. 7, S. 1407-1425.

Danielsson, Jon/ Shin, Hyun Song (2002): Endogenous Risk, Working Paper London School of Economics.

Danielsson, Jon/ Zigrand, Jean-Pierre (2002): What Happens When You Regulate Risk? Evidence from a Simple Equilibrium Model, FMG Discussion Papers; London School of Economics Financial Markets Group and ESRC.

Datschetzky, Doris/ Straka, Dagmar/ Wukovits, Sabine (2003): Überblick über die internen Bonitätsbeurteilungssysteme in österreichischen Banken, in: Finanzmarktstabilitätsbericht 5, hrsg. von Österreichische Nationalbank, Wien 2003, S. 93-107.

Degryse, Hans/ Ongena, Steven (2005): Distance, Lending Relationships, and Competition, in: Journal of Finance, Vol. 60, No. 1, S. 231-266.

Dell'Ariccia, Giovanni (1998): Asymmetric Information and the Market Structure of the Banking Industry, Working Paper International Monetary Fund.

Dell'Ariccia, Giovanni/ Friedman, Ezra/ Marquez, Robert (1999): Adverse Selection as a Barrier to Entry in the Banking Industry, in: RAND Journal of Economics, Vol. 30, No. 3, S. 515-534.

Demski, Joel S./ Dye, Ronald A. (1999) : Risk, Return, and Moral Hazard, in: Journal of Accounting Research, Vol. 37, No. 1, S. 27-55.

Detzel, Martin (2004): Die Bedeutung von Kreditinstituten als Finanzintermediäre bei der Mittelstandsfinanzierung unter Beachtung der Auswirkungen von Basel II, in: Finanzintermediation: Theoretische, wirtschaftspolitische und praktische Aspekte aktueller Entwicklungen im Bank- und Börsenwesen, Festschrift für Professor Dr. Wolfgang Gerke zum sechzigsten Geburtstag, hrsg. von M. Bank und B. Schiller, Stuttgart 2004, S. 529-544.

Deutsche Bundesbank (2001): Die neue Baseler Eigenkapitalvereinbarung (Basel II), in: Monatsbericht, 53. Jg., Nr. 4, S. 15-44.

Deutsche Bundesbank (2002): Das Eigenkapital der Kreditinstitute aus bankinterner und regulatorischer Sicht, in: Monatsbericht, 54. Jg., Nr. 1, S. 41-60.

Deutsche Bundesbank (2003): Validierungsansätze für interne Ratingsysteme, in: Monatsbericht, 55. Jg., Nr. 9, S. 61-74.

Deutsche Bundesbank (2004): Neue Eigenkapitalanforderungen für Kreditinstitute (Basel II), in: Monatsbericht, 56. Jg., Nr. 9, S. 75-100.

Diamond, Douglas W. (1984): Financial Intermediation and Delegated Monitoring, in: Review of Economic Studies, Vol. 51, No. 3, S. 393-414.

Diamond, Douglas W./ Dybvig, Philip H. (1983): Bank Runs, Deposit Insurance, and Liquidity, in: Journal of Political Economy, Vol. 91, No. 3, S. 401-419.

Diamond, Douglas W./ Rajan, Raghuram G. (2000): A Theory of Bank Capital, in: Journal of Finance, Vol. 55, No. 6, S. 2431-2465.

Dickey, David A./ Fuller, Wayne A. (1979): Distribution of the Estimators for Autoregressive Time Series with a Unit Root, in: Journal of the American Statistical Association, Vol. 74, No. 366, S. 427-431.

Dickey, David A./ Fuller, Wayne A. (1981): Likelihood Ratio Statistics for Autoregressive Time Series with a Unit Root, in: Econometrica, Vol. 49, No. 4, S. 1057-1072.

Dietsch, Michel/ Petey, Joel (2004): Should SME Exposures be Treated as Retail or Corporate Exposures? A Comparative Analysis of Default Probabilities and Asset Correlations in French and German SMEs, in: Journal of Banking & Finance, Vol. 28, No. 4, S. 773-788.

Duffie, Darrell/ Singleton, Kenneth J. (2003): Credit Risk - Pricing, Measurement, and Management, Princeton 2003.

Düllmann, Klaus/ Trapp, Monika (2004): Systematic Risk in Recovery Rates – An Empirical Analysis of U.S. Corporate Credit Exposures, Discussion Paper No. 02/2004, Deutsche Bundesbank Discussion Paper Series 2: Banking and Financial Supervision.

Eggert, Rolf (2001): Zur Neuregelung der angemessenen Eigenmittelausstattung von Kreditinstituten (Basel II) – Statement aus Sicht der Deutschen Bundesbank, Beitrag im Rahmen des Challenge-Workshop des Arbeitskreises Management und Wirtschaftsforschung an der Hochschule Bremen.

Ervin, Wilson D./ Wilde, Tom (2001): Pro-cyclicality in the new Basel Accord, in Risk, October 2001, S. S.28-S32.

Estrella, Arturo (2000): Credit Ratings and Complementary Sources of Credit Quality Information, Basel Committee on Banking Supervision Working Papers No. 3.

Estrella, Arturo (2004): The Cyclical Behavior of Optimal Bank Capital, in: Journal of Banking & Finance, Vol. 28, No. 6, S. 1469-1498.

Europäische Zentralbank (2005): Die neue Basler Eigenkapitalvereinbarung: Wesentliche Merkmale und Auswirkungen, in: Monatsbericht, 7. Jg., Nr. 1, S. 53-63.

Ewerhart, Christian (2002): Banks, Internal Models, and the Problem of Adverse Selection, Working Paper Universität Mannheim.

Ewert, Ralf/ Szczesny, Andrea (2002): Risikoindikatoren, Rating und Ausfallwahrscheinlichkeit im Kreditgeschäft - Eine empirische Untersuchung vor dem Hintergrund von Basel II, in: Betriebswirtschaftliche Forschung und Praxis, 54. Jg., Nr. 6, S. 574-590.

Feess, Eberhard/ Schieble, Michael (1999): Credit Scoring and Incentives for Loan Officers in a Principal Agent Model, Working Paper Nr. 30, Working Paper Series: Finance and Accounting, Universität Frankfurt.

Ferri, Giovanni/ Liu, Li-Gang/ Majnoni, Giovanni (2001): The Role of Rating Agency Assessments in Less Developed Countries: Impact of the Proposed Basel Guidelines, in: Journal of Banking & Finance, Vol. 25, No. 1, S. 115-148.

Finger, Christopher C. (1999): Conditional Approaches for CreditMetrics Portfolio Distributions, in: CreditMetrics Monitor, April 1999, S. 14-33.

Fischer, Klaus (1990): Hausbankbeziehungen als Instrument der Bindung zwischen Banken und Unternehmen - Eine theoretische und empirische Analyse, Bonn 1990.

Follak, Klaus Peter (2004): Basel II: The New Capital Accord – The Current State of the Consultation Process in February 2004, in: ÖBA, 52. Jg., Nr. 3, S. 159-171.

Freixas, Xavier/ Rochet, Jean-Charles (1997): Microeconomics of Banking, Cambridge/ London 1997.

Frey, Rüdiger/ McNeil, Alexander J. (2002): VaR and Expected Shortfall in Portfolios of Dependent Credit Risks: Conceptual and Practical Insights, in: Journal of Banking & Finance, Vol. 26, No. 7, S. 1317-1334.

Fridson, Martin S./ Garman, Christopher M./ Wu, Sheng (1997): Real Interest Rates and the Default Rate on High-Yield Bonds, in: Journal of Fixed Income, Vol. 7, No. 2, S. 29-34.

Froot, Kenneth A./ Stein, Jeremy C. (1998): Risk Management, Capital Budgeting, and Capital Structure Policy for Financial Institutions: An Integrated Approach, in: Journal of Financial Economics, Vol. 47, No. 1, S. 55-82.

Froot, Kenneth A./ Scharfstein, David S./ Stein, Jeremy C. (1993): Risk Management: Coordinating Corporate Investment and Financing Policies, in: Journal of Finance, Vol. 48, No. 5, S. 1629-1658.

Galil, Koresh (2003): The Quality of Corporate Credit Rating: An Empirical Investigation, Working Paper Tel-Aviv University.

Gann, Philipp/ Hofmann, Bernd (2005): Die Bedeutung des Kreditrisikohandels für spezialisierte Kreditinstitute, in: ÖBA, 53. Jg., Nr. 7, S. 473-482.

Gersbach, Hans/ Lipponer, Alexander (2003): Firm Defaults and the Correlation Effect, in: European Financial Management, Vol. 9, No. 3, S. 361-377.

Glantz, Morton (2003): Managing Bank Risk - An Introduction to Broad-Base Credit Engineering, San Diego 2003.

Gordy, Michael B. (2000a): A Comparative Anatomy of Credit Risk Models, in: Journal of Banking & Finance, Vol. 24, No. 1-2, S. 119-149.

Gordy, Michael B. (2000b): Credit VaR and Risk-Bucket Capital Rules: A Reconciliation, in: Proceedings of the 36. Annual Conference on Bank Structure and Competition, S. 1-11.

Gordy, Michael B. (2003): A Risk-Factor Model Foundation for Ratings-based Bank Capital Rules, in: Journal of Financial Intermediation, Vol. 12, No. 3, S. 199-232.

Greenbaum, Stuart I./ Kanatas, George/ Venezia, Itzhak (1989): Equilibrium Loan Pricing under the Bank-Client Relationship, in: Journal of Banking & Finance, Vol. 13, No. 2, S. 221-235.

Greenwald, Bruce C./ Stiglitz, Joseph E. (1990): Asymmetric Information and the New Theory of the Firm: Financial Constraints and Risk Behavior, in: American Economic Review, Vol. 80, No. 2, S. 160-165.

Grossman, Sanford J. / Hart, Oliver D. (1983): An Analysis of the Principal-Agent Problem, in: Econometrica, Vol. 51, No. 1, S. 7-45.

Grundke, Peter (2002): Berücksichtigung des Zinsänderungsrisikos bei der Neubewertung am Risikohorizont in Kreditportfoliomodellen, in: Zeitschrift für Betriebswirtschaft, 72. Jg., Nr. 12, S. 1241-1267.

Grundke, Peter (2003): Modellierung und Bewertung von Kreditrisiken, Beiträge zur betriebswirtschaftlichen Forschung Band 105, Wiesbaden 2003.

Grunert, Jens/ Norden, Lars/ Weber, Martin (2005): The Role of Non-Financial Factors in Internal Credit Ratings, in: Journal of Banking & Finance, Vol. 29, No. 2, S. 509-531.

Grunert, Jens/ Weber, Martin (2004): Ansätze zur Messung der Äquivalenz von Ratingsystemen, in: Zeitschrift für Bankrecht und Bankwirtschaft, 16. Jg., Nr. 1, 2004, S. 28-37.

Hamerle, Alfred/ Rösch, Daniel (2003): Parameterizing Credit Risk Models, Working Paper Universität Regensburg.

Hammes, Wolfgang/ Shapiro, Mark (2001): The Implications of the New Capital Adequacy Rules for Portfolio Management of Credit Assets, in: Journal of Banking & Finance, Vol. 25, No. 1, S. 97-114.

Harris, Milton/ Raviv, Artur (1979): Optimal Incentive Contracts with Imperfect Information, in: Journal of Economic Theory, Vol. 20, No. 2, S. 231-259.

Hartmann-Wendels, Thomas (1990): Zur Integration von Moral Hazard und Signalling in finanzierungstheoretischen Ansätzen, in Kredit und Kapital, No. 2/1990, S. 228-250.

Harvey, Andrew C. (1976): Estimating Regression Models with Multiplicative Heteroscedasticity, in: Econometrica, Vol. 44, No. 3, S. 461-465.

Hauswald, Robert/ Marquez, Robert (2005): Competition and Strategic Information Acquisition in Credit Markets, Working Paper American University Washington.

Heid, Frank (2003): Is Regulatory Capital Pro-cyclical? A Macroeconomic Assessment of Basel II, Working Paper Deutsche Bundesbank.

Heid, Frank/ Porath, Daniel/ Stolz, Stephanie (2003): Does Capital Regulation Matter for Bank Behavior? Evidence for German Savings Banks, Kiel Working Paper 1192.

Henke, Sabine (2002): Anreizprobleme beim Transfer der Kreditrisiken aus Buchkrediten, Untersuchungen über das Spar-, Giro- und Kreditwesen Band 175, Berlin 2002.

Hofmann, Bernd (2005): Procyclicality: The Macroeconomic Impact of Risk-Based Capital Requirements, in: Financial Markets and Portfolio Management, Vol. 19, No. 2, S. 176-197.

Hofmann, Bernd/ Pluto, Katja (2005): Zentrale Aspekte der neuen aufsichtlichen Eigenmittelempfehlungen (Basel II), in zfbf, Sonderheft 52, S. 241-270.

Holmström, Bengt/ Milgrom, Paul (1987): Aggregation and Linearity in the Provision of Intertemporal Incentives, in: Econometrica, Vol. 55, No. 2, S. 303-328.

Höse, Steffi/ Huschens, Stefan (2003): Sind interne Ratingsysteme im Rahmen von Basel II evaluierbar? Zur Schätzung von Ausfallwahrscheinlichkeiten durch Ausfallquoten, in: Zeitschrift für Betriebswirtschaft, 73 Jg., Nr. 2, S. 139-168.

Hughes, John S. (1982): Agency Theory and Stochastic Dominance, in: The Journal of Financial and Quantitative Analysis, Vol. 17, No. 3, S. 341-361.

Jackson, Patricia (2002): Bank Capital: Basel II Developments, in: Financial Stability Review, hrsg. von Bank of England, London 2002, S. 103-109.

Jackson, Patricia/ Perraudin, William/ Saporta, Victoria (2002): Regulatory and 'Economic' Solvency Standards for Internationally Active Banks, Working Paper No. 161, Bank of England.

Jacobson, Tor/ Lindé, Jesper/ Roszbach, Kasper (2004): Credit Risk versus Capital Requirements under Basel II: Are SME Loans and Retail Credit Really Different, Working Paper No. 162, Sveriges Riksbank.

Jaffee, Dwight M./ Russell, Thomas (1976): Imperfect Information, Uncertainty, and Credit Rationing, in: The Quarterly Journal of Economics, Vol. 90, No. 4, S. 651-666.

Jagtiani, Julapa/ Kaufman, George/ Lemieux, Catharine (2000): Do Markets Discipline Banks and Bank Holding Companies? Evidence From Debt Pricing, Emerging Issues Series, Federal Reserve Bank of Chicago, Juni 2000.

Jensen, Michael C./ Meckling, William H. (1976): Theory of the Firm: Managerial Behavior, Agency Costs and Ownership Structure, in: Journal of Financial Economics, Vol. 3, No. 4, S. 305-360.

Johanning, Lutz (1998): Value-at-Risk zur Marktrisikosteuerung und Eigenkapitalallokation, Bad Soden/ Ts. 1998.

Jokivuolle, Esa/ Peura, Samu (2001): Regulatory Capital Volatility, in: Risk, Vol. 14, No. 5, S. 95-98.

Kaiser, Ulrich/ Szczesny, Andrea (2003): Ökonometrische Verfahren zur Modellierung von Kreditausfallwahrscheinlichkeiten: Logit- und Probit-Modelle, in: zfbf, 55. Jg., Nr. 12, S. 790-822.

Kandel, Eugene/ Lazear, Edward (1992): Peer Pressure and Partnerships, in: Journal of Political Economy, Vol. 100, No. 4, S. 801-817.

Karacadag, Cem/ Taylor, Michael W. (2000): The New Capital Adequacy Framework: Institutional Constraints and Incentive Structures, IMF Working Paper Series, No. 00/93.

Keenan, Sean C./ Carty, Lea V./ Hamilton, David T. (2001): An Empirical Analysis of Corporate Rating Migration, Default and Recovery, in: Credit – The Complete Guide to Pricing, Hedging and Risk Management, hrsg. von Angelo Arvanitis und Jon Gregory, London 2001, S. 350-375.

Kern, Markus (2001): Anwendbarkeit neuerer Kreditrisikomodelle auf mittelständische Portfolios, in: Kreditrisikomessung und Kreditrisikomanagement, ZEW Wirtschaftsanalysen, Schriftenreihe des Zentrums für Empirische Wirtschaftsforschung, Band 54, hrsg. von. A. Szczesny, Baden-Baden 2001, S. 207-223.

Kinder, Christian/ Steiner, Manfred/ Willinsky, Christian (2001): Kapitalallokation und Verrechnung von Risikokapitalkosten in Kreditinstituten- Ein spieltheoretischer Lösungsansatz, in: Zeitschrift für Betriebswirtschaft, 71. Jg., Nr. 3, S. 281-300.

Kirstein, Roland (2002): The New Basle Accord, Internal Ratings, and the Incentives of Banks, in: International Review of Law and Economics, Vol. 21, No. 4, S. 393-412.

Kleine, Dirk W./ Anclam, Sandra (2002): Basel II und die Folgen für kleine und mittelständische Unternehmen, in: Basel II und MaK: Vorgaben, bankinterne Verfahren, Bewertungen, hrsg. von G. Hofmann, Frankfurt am Main 2002, S. 161-173.

Koch, Wolfgang (2003): Rating und Mittelstand: Irrwege und Chancen, in: Betriebswirtschaftliche Forschung und Praxis, 55. Jg., Nr. 3, S. 267-278.

Koopman, Siem J./ Lucas, André (2005): Business and Default Cycles for Credit Risk, in: Journal of Applied Econometrics, Vol. 20, No. 2, S. 311-323.

KPMG (2004): Mittelstandsumfrage: Keine Kreditverweigerung zu beobachten, in: Finanz Betrieb, 10/2004, S. 667.

Krahnen, Jan Pieter/ Weber, Martin (2001): Generally Accepted Rating Principles: A Primer, in: Journal of Banking & Finance, Vol. 25, No. 1, S. 3-23.

Kräkel, Matthias (1999): Organisation und Management, Tübingen 1999.

Krumnow, Jürgen (2000): Zur strategischen Bedeutung des Risikomanagements für die Kreditinstitute, in: Handbuch Risikomanagement, Band 2. Risikomanagement in Banken, Asset-Management Gesellschaften, Versicherungs- und Industrieunternehmen, hrsg. von L. Johanning und B. Rudolph, Bad Soden 2000, S. 683-700.

Krumnow, Jürgen (2002): Risikomanagement bei Kreditinstituten, in: Handwörterbuch der Rechnungslegung und Prüfung, hrsg. von W. Ballwieser, A. Coenenberg und K. v. Wysocki, 3. Aufl., Stuttgart 2002, S. 2047-2057.

Kürsten, Wolfgang (1994): Finanzkontrakte und Risikoanreizproblem – Mißverständnisse im informationsökonomischen Ansatz der Finanztheorie, Neue betriebswirtschaftliche Forschung, Bd. 123, Wiesbaden 1994.

Kürsten, Wolfgang (1997): Zur Anreiz-Inkompatibilität von Kreditsicherheiten, oder: Insuffizienz des Stiglitz/Weiss-Modells der Agency-Theorie, in: zfbf, 49. Jg., Nr. 10, S. 819-857.

Laux, Helmut (1998): Entscheidungstheorie, 4. Aufl., Berlin 1998.

Lawrenz, Jochen/ Schwaiger, Walter S.A. (2002): Bank Deutschland: Aktualisierung der Quantitative Impact Study (QIS2) von Basel II, in: RiskNews, Nr. 1, S. 5-31.

Lehmann, Bina (2003): Is It Worth the While? - The Relevance of Qualitative Information in Credit Rating, Working Paper Universität Konstanz 2003.

Loeper, Erich (2002): Aufsichtliches Überprüfungsverfahren, Informationsrechte und Eingriffsmöglichkeiten der Bankenaufsicht, in: Basel II und MaK - Vorgaben, bankinterne Verfahren, Bewertungen, hrsg. von G. Hofmann, Frankfurt am Main 2002, S. 177-187.

Löffler, Gunter (2003): The Effects of Estimation Error on Measures of Portfolio Credit Risk, in: Journal of Banking & Finance, Vol. 27, No. 8, S. 1427-1453.

Löffler, Gunter (2004): An Anatomy of Rating Through the Cycle, in: Journal of Banking & Finance, Vol. 28, No. 3, S. 695-720.

Loistl, Otto (1976): The Erroneous Approximation of Expected Utility by Means of a Taylor`s Series Expansion: Analytic and Computational Results, in: The American Economic Review, Vol. 66, No. 5, S. 904-910.

Lopez, Jose A. (2004): The Empirical Relationship between Average Asset Correlation, Firm Probability of Default and Asset Size, in: Journal of Financial Intermediation, Vol. 13, No. 2, S. 265-283.

Lowe, Philip (2002): Credit Risk Measurement and Procyclicality, BIS Working Paper No. 116.

Lown, Cara S./ Morgan, Donald P./ Rohatgi, Sonali (2000): Listening to Loan Officers: The Impact of Commercial Credit Standards on Lending and Output, in: FRBNY Economic Policy Review, Vol. 6, No. 2, S. 1-16.

MacCrimmon, Kenneth R./ Wehrung, Donald A. (1986): Taking Risks - The Management of Uncertainty, New York 1986.

Machauer, Achim/ Weber, Martin (1998): Bank Behavior Based on Internal Credit Ratings of Borrowers, in: Journal of Banking & Finance, Vol. 22, No. 10-11, S. 1355-1383.

Maddala, G.S. (1992): Introduction to Econometrics, 2. Aufl., New York 1992.

Matten, Chris (2000): Managing Bank Capital - Capital Allocation and Performance Measurement, 2. Aufl., Chichester 2000.

Mayer, Barbara/ Pfeiffer, Thomas/ Reichel, Astrid (2005): Zu Anforderungen und Ausgestaltungsprinzipien von Anreizsystemen aus agencytheoretischer Sicht, in: Betriebswirtschaftliche Forschung und Praxis, 57. Jg., Nr. 1, S. 12-29.

Merton, Robert C. (1974): On The Pricing of Corporate Debt: The Risk Structure of Interest Rates, in: Journal of Finance, Vol. 29, No. 2, S. 449-470.

Merton, Robert C./ Perold, Andre F. (1993): Theory of Risk Capital in Financial Firms, in: Journal of Applied Corporate Finance, Vol. 6, No. 3, S. 16-32.

Milgrom, Paul/ Roberts, John (1992): Economics, Organizations, and Management, Upper Saddle River 1992.

Milne, Alistair (2002): Bank Capital Regulation as an Incentive Mechanism: Implications for Portfolio Choice, in: Journal of Banking & Finance, Vol. 26, No. 1, S. 1-23.

Mirrlees, James A. (1976): The Optimal Structure of Incentives and Authority within an Organization, in: The Bell Journal of Economics, Vol. 7, No.1, S. 105-131.

Morris, Stephen/ Shin, Hyun Song (1999): Risk Management with Interdependent Choice, in: Oxford Review of Economic Policy, Vol. 15, No. 3, S. 52-62.

Nalebuff, Barry J./ Stiglitz, Joseph E. (1983): Prizes and Incentives: Towards a General Theory of Compensation and Competition, in: The Bell Journal of Economics, Vol. 14, No. 1, S. 21-43.

Nehls, Hiltrud/ Schmidt, Torsten (2004): Credit Crunch in Germany?, in: Kredit und Kapital, 37. Jg., Nr. 4, S. 479-499.

Neuberger, Doris (1994): Kreditvergabe durch Banken: Mikroökonomische Theorie und gesamtwirtschaftliche Implikationen, Tübingen 1994.

Niethen, Susanne (2001): Korrelationskonzepte zur Quantifizierung von Kreditausfallrisiken, Bad Soden/ Ts. 2001.

Nippel, Peter (2004): Eigenmittelunterlegung von Kreditrisiken bei Banken und die Auswirkungen auf die Fremdkapitalkosten von Kreditnehmern, in: Zeitschrift für Betriebswirtschaft, 74. Jg., Nr. 3, S. 199-222.

Norden, Lars/ Weber, Martin (2005): Möglichkeiten und Grenzen der Bewertung von Ratingsystemen durch Markt und Staat, in: zfbf, Sonderheft 52, S. 31-54.

Norgren, Claes (2003): A More Comprehensive Approach to Capital Regulation, in: ÖBA, 51. Jg., Nr. 2, S. 85-88.

Oehler, Andreas/ Unser, Matthias (2001): Finanzwirtschaftliches Risikomanagement, Berlin 2001.

Oelerich, Andreas/ Poddig, Thorsten (2003): Evaluierung prognostizierter Ratings unter Berücksichtigung der Anforderungen aus Basel II, Working Paper Universität Bremen.

Ong, Michael K. (1999): Internal Credit Risk Models - Capital Allocation and Performance Measurement, Somerset 1999.

Oppenländer, Karl Heinrich (1995): Zum Konjunkturphänomen, in: Konjunkturindikatoren-Fakten. Analysen, Verwendung, hrsg. von Karl Heinrich Oppenländer, München 1995, S. 4-22.

Overbeck, Ludger/ Stahl, Gerhard (2003): Stochastic Essentials for Risk Management of Credit Portfolios, in: Kredit und Kapital, 36. Jg., Nr. 1, S. 52-81.

Park, Sangkyun/ Peristiani, Stavros (1998): Market Discipline by Thrift Depositors, in: Journal of Money, Credit and Banking, Vol. 30, No. 3, S. 347-364.

Paul, Stephan (2002): Basel II im Überblick, in: Basel II und MaK - Vorgaben, bankinterne Verfahren, Bewertungen, hrsg. von G. Hofmann, Frankfurt am Main 2002, S. 5-44.

Paul, Stephan/ Stein, Stefan (2002): Rating, Basel II und die Unternehmensfinanzierung, Köln 2002.

Perli, Roberto/Nayda, William I. (2004): Economic and Regulatory Capital Allocation for Revolving Retail Exposures, in: Journal of Banking & Finance, Vol. 28, No. 4, S. 789-809.

Petersen, Mitchell A./ Rajan, Raghuram G. (1994): The Benefits of Lending Relationships: Evidence from Small Business Data, in: Journal of Finance, Vol. 49, No. 1, S. 3-37.

Petersen, Mitchell A./ Rajan, Raghuram G. (2002): Does Distance Still Matter? The Information Revolution in Small Business Lending, in: Journal of Finance, Vol. 57, No. 6, S. 2533-2570.

Peura, Samu/ Jokivuolle, Esa (2004): Simulation-based Stress Testing of Bank's Regulatory Capital Adequacy, in: Journal of Banking & Finance, Vol. 28, No. 8, S. 1801-1824.

Pfingsten, Andreas/ Rudolph, Kai (2004): Eine empirische Analyse der Kreditportfoliozusammensetzung deutscher Bankengruppen, in: ZfB - Zeitschrift für Betriebswirtschaft, Ergänzungsheft 2/2004, S. 1-24.

Rajan, Raghuram G. (1994): Why Bank Credit Policies Fluctuate: A Theory and some Evidence, in: Quarterly Journal of Economics, Vol. 109, No. 2, S. 399-441.

Rathgeber, Andreas/ Steiner, Manfred/ Willinsky, Christian (2005): Die Entwicklung des Kreditrisikomanagements in deutschen Banken - Eine empirische Untersuchung für die Jahre 2000 und 2003, in: Zeitschrift für Bankrecht und Bankwirtschaft, 17. Jg., Nr. 3, S. 153-165.

Rau-Bredow, Hans (2001): Kreditrisikomodellierung und Risikogewichte im Neuen Basler Accord, in: Zeitschrift für das gesamte Kreditwesen, 54. Jg., Nr. 18, S. 1004-1005.

Redak, Vanessa/ Tscherteu, Alexander (2003): Basel II, Prozyklizität und Kreditentwicklung – Erste Schlussfolgerungen aus der QIS 3, in: Finanzmarktstabilitätsbericht 5, hrsg. von Österreichische Nationalbank, Wien 2003, S. 64-79.

Rochet, Jean-Charles (2004): Rebalancing the Three Pillars of Basel II, in: FRBNY Economic Policy Review, September 2004, S. 7-21.

Rösch, Daniel (2003): Correlations and Business Cycles of Credit Risk: Evidence from Bankruptcies in Germany, in: Financial Markets and Portfolio Management, Vol. 17, No. 3, S. 309-331.

Rothschild, Michael/ Stiglitz, Joseph E. (1970): Increasing Risk: I. A Definition, in: Journal of Economic Theory, Vol. 2, No. 3, S. 225-243.

Rudolph, Bernd (1974): Die Kreditvergabeentscheidung der Banken. Der Einfluß von Zinsen und Sicherheiten auf die Kreditgewährung. Beiträge zur betriebswirtschaftlichen Forschung, Bd. 40, Opladen 1974.

Rudolph, Bernd (2001): Kalkulation von Risikokosten auf Basis des Optionspreismodells, in: Handbuch Bankcontrolling, 2. Aufl., hrsg. von H. Schierenbeck, B. Rolfes, S. Schüller, Wiesbaden 2001, S. 331-343.

Rudolph, Bernd (2004a): Diversifizierung und Transfer von Kreditrisiken, Working Paper Universität München.

Rudolph, Bernd (2004b): Ursachen und Dämpfungsmechanismen prozyklischer Wirkungen des Neuen Baseler Akkords, in: Finanzintermediation: Theoretische, wirtschaftspolitische und praktische Aspekte aktueller Entwicklungen im Bank- und Börsenwesen, Festschrift für

Professor Dr. Wolfgang Gerke zum sechzigsten Geburtstag, hrsg. von M. Bank und B. Schiller, Stuttgart 2004, S. 247-269.

Saunders, Anthony/ Allen, Linda (2002): Credit Risk Measurement - New Approaches to Value at Risk and other Paradigms, 2. Aufl., New York 2002.

Scheidl, Karl (1995): Eigenmittelorientierte Solvenznormen: in: Handbuch Bankcontrolling, hrsg. von H. Schierenbeck und H. Moser, Wiesbaden 1995, S. 779-803.

Schierenbeck, Henner (1999): Ertragsorientiertes Bankmanagement, Band 2: Risiko-Controlling und Bilanzstruktur-Management, 6. Aufl., Wiesbaden 1999.

Schlick, Oliver (1994): Kreditrationierung und unvollkommene Finanzmärkte: Mikroökonomische Betrachtung und makroökonomische Effekte, Campus Forschung Band 718, Frankfurt am Main 1994.

Schmoll, Anton (2004): Firmenkundenberater & Basel II – Erweitertes Anforderungsprofil, in: Die Bank, Nr. 8 (2004), S. 40-42.

Schönbucher, Philipp J. (2003): Credit Derivatives Pricing Models – Models, Pricing and Implementation, Chichester 2003.

Schuermann, Til (2004): What Do We Know About Loss Given Default?, in: Credit Risk Models and Management, 2. Aufl., hrsg. von D. Shimko, London 2004, S. 249-274.

Shaffer, Sherrill (1998): The Winner's Curse in Banking, in: Journal of Financial Intermediation, Vol. 7, No. 4, S. 359-392.

Sharpe, Steven A. (1990): Asymmetric Information, Bank Lending, and Implicit Contracts: A Stylized Model of Customer Relationships, in: Journal of Finance, Vol. 45, No. 4, S. 1069-1087.

Shavell, Steven (1979): Risk Sharing and Incentives in the Principal and Agent Relationship, in: The Bell Journal of Economics, Vol. 10, No. 1, S. 55- 73.

Shrieves, Ronald E./ Dahl, Drew (1995): Regulation, Recession and Bank Lending Behavior: The 1990 Credit Crunch, in: Journal of Financial Services Research, Vol. 9, No. 1, S. 5-30.

Siegel, Bernd/ Degener, Rolf (1988): Leistungs- und ertragsorientierte Entlohnungssysteme, in: Zeitschrift für das gesamte Kreditwesen, 41. Jg., Nr. 12, S. 532-536.

Smithson, Charles (1997): Capital Budgeting - How Banks Measure Performance, in: Risk, Vol. 10, No. 6, S. 40-41.

Spremann, Klaus (1987): Agent and Principal, in: Agency Theory, Information, and Incentives, hrsg. von Günter Bamberg und Klaus Spremann, Berlin et al. 1987, S. 3-37.

Stiglitz, Joseph E./ Weiss, Andrew (1981): Credit Rationing in Markets with Imperfect Information, in: The American Economic Review, Vol. 71, No. 3. S. 393-410.

Stulz, Rene M (1996): Rethinking Risk Management, in: Journal of Applied Corporate Finance, Vol. 9, No. 3, S. 8-24.

Sung, Jaeyoung (1995): Linearity with Project Selection and Controllable Diffusion Rate in Continuous-Time Principal-Agent Problems, in: RAND Journal of Economics, Vol. 26, No. 4, S. 720-743.

Terberger, Eva (1987): Der Kreditvertrag als Instrument zur Lösung von Anreizproblemen: Fremdfinanzierung als Prinzipal/Agent-Beziehung, Heidelberg 1987.

Thampy, Ashok (2004): BIS Capital Standards and Supply of Bank Loans, Working Paper Indian Institute of Management Bangalore.

Thießen, Friedrich (2004): Rating im Kreditgeschäft und strategisches Kreditnehmerverhalten, in: Zeitschrift für das gesamte Kreditwesen, 57. Jg., Nr. 11, S. 572-575.

Townsend, Robert M. (1979): Optimal Contracts and Competitive Markets with Costly State Verification, in: Journal of Economic Theory, Vol. 21, No. 2, S. 265-293.

Treacy, William F./ Carey, Mark (2000): Credit Risk Rating Systems at Large US Banks, in: Journal of Banking & Finance, Vol. 24, No. 1-2, S. 167-201.

Udell, Gregory F. (1989): Loan Quality, Commercial Loan Review and Loan Officer Contracting, in: Journal of Banking & Finance, Vol. 13, No. 3, S. 367-382.

Varma, Praveen/ Ziegler, Holger (2003): Ausfallraten und Rückzahlungsquoten - bei Emittenten von Industrieanleihen in Europa (Europäische Ausfallstudie), Moody's Special Comment, August 2003.

Vasicek, Oldrich (2002): Loan Portfolio Value, in: Risk, Vol. 15, No. 12, S. 160-162.

Warner, Jerold B. (1977): Bankruptcy Costs: Some Evidence, in: Journal of Finance, Vol. 32, No. 2, S. 337-347.

Weber, Martin/ Krahnen, Jan Pieter/ Vossmann, Frank (1999): Risikomessung im Kreditgeschäft: Eine empirische Analyse bankinterner Ratingverfahren, in: zfbf, Sonderheft 41, S. 117-142.

Wehrspohn, Uwe (2003): Analytic Loss Distributions of Heterogeneous Portfolios in the Asset Value Credit Risk Model, Working Paper Universität Heidelberg.

White, Halbert (1980): A Heteroskedasticity-Consistent Covariance Matrix Estimator and a Direct Test for Heteroskedasticity, in: Econometrica, Vol. 48, No. 4, S. 817-838.

Wilkens, Marco/ Baule, Rainer/ Entrop, Oliver (2002): Erfassung des Kreditrisikos nach Basel II - Eine Reflexion aus wissenschaftlicher Sicht, in: Basel II und MaK: Vorgaben, bankinterne Verfahren, Bewertungen, hrsg. von G. Hofmann, Frankfurt am Main 2002, S. 47-76.

Wilson, Robert (1968): The Theory of Syndicates, in: Econometrica, Vol. 36, No.1, S. 119-132.

Wilson, Thomas C. (1998): Portfolio Credit Risk, in: FRBNY Economic Policy Review, October 1998, S. 71-82.

Winton, Andrew (1995): Costly State Verification and Multiple Investors: The Role of Seniority, in: The Review of Financial Studies, Vol. 8, No. 1, S. 91-123.

Winton, Andrew (1999): Don't Put All Your Eggs in One Basket? Diversification and Specialization in Lending, Working Paper University of Minnesota.

Xiao, Jerry Y. (2002): Economic Capital Allocation for Credit Risk, in: RiskMetrics Journal, Vol. 2, No. 2, S. 29-47.

Zaik, Edward u.a. (1996): RAROC at Bank of America: From Theory to Practice, in: Journal of Applied Corporate Finance, Vol. 9, No. 2, S. 83-93.

Zhou, Chunsheng (2001): An Analysis of Default Correlations and Multiple Defaults, in: Review of Financial Studies, Vol. 14, No. 2, S. 555-576.

Peter Lang · Europäischer Verlag der Wissenschaften

Silvio Andrae

Basel-Ökonomie

Zur Konstitution internationaler Finanzsystemregulierung

Frankfurt am Main, Berlin, Bern, Bruxelles, New York, Oxford, Wien, 2006. 279 S.
ISBN 3-631-53739-5 · br. € 51.50*

Der neue Eigenkapitalakkord für Banken und Wertpapierhäuser – Basel II –
beschäftigt selten wie bisher eine internationale Vereinbarung die globale
Wirtschaftswelt. Basel II greift fundamental in die bisherige Regulierungs- und
Aufsichtspraxis ein und wird damit zu einer gesamtwirtschaftlichen Frage.
Dieser Band diskutiert den neuen Akkord vor dem Hintergrund unterschiedlicher
Finanzsystemtypen. Im Kern geht es um die Konsequenzen, die sich für ein
bankorientiertes Finanzsystem ergeben. Basel II kann zu erheblichen Friktionen in
der Finanzierung der deutschen Unternehmen führen, die die volkswirtschaftliche
Leistungsfähigkeit einschränken, ohne dass eine höhere Finanzsystemstabilität
erreicht wird.

Aus dem Inhalt: Finanzsystemtypen · Finanzsystemstabilität · Corporate
Governance · Bankenregulierung · Basel II · Unternehmensfinanzierung ·
Prozykliziät · Konvergenz der Finanzsystemtypen

Frankfurt am Main · Berlin · Bern · Bruxelles · New York · Oxford · Wien
Auslieferung: Verlag Peter Lang AG
Moosstr. 1, CH-2542 Pieterlen
Telefax 00 41 (0) 32 / 376 17 27

*inklusive der in Deutschland gültigen Mehrwertsteuer
Preisänderungen vorbehalten
Homepage http://www.peterlang.de